集客にも採用にも効果絶大！

企業のSNS運用

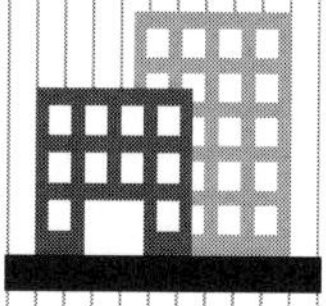

一般社団法人大人のインフルエンサー協会
代表理事
秋山 剛
Takeshi Akiyama

かざひの文庫

はじめに

本書を手にとっていただき、ありがとうございます。

これまで、ＴｉｋＴｏｋでの発信や社長のＳＮＳ発信をテーマにした２冊の書籍を出版したところ、とても好評をいただき、さまざまな企業から講演の依頼をいただくようになりました。

それだけ、企業のＳＮＳ発信への関心が高まってきていることを実感しています。

企業がＳＮＳを行う目的は

・自社の認知度や信頼度を高めるため

・イメージアップをはかるための「ブランディング」

・集客・来店誘致で売上アップを叶えるため
などでしょう。

さらに最近では、採用のための発信も積極的に行われるようになっていま
す。企業研修先で担当者から話を伺うたび
「採用に力を入れたいものの、どうしたらいいかわからない」
という声が聞こえてくるのです。

わたしは**中小企業こそ、SNS発信に注力すべきだと考えています**。
「採用の優先順位を高めていかなければいけない」
と危機感を持って早くSNS発信に取り組めば、可能性が一気に広がるか
らです。

ところが、企業の決裁権のある人たちが

「SNSなんかで採用につながるの?」

「求人サイトで募集したほうがいいんじゃないの?」

と思ってしまっているために、どうしても優先順位が低くなってしまっているのが現状です。


若い人たちは、ほぼSNSで会社の雰囲気や働く人の人柄を見て応募しているので、ニーズがずれてしまっていると言えます。

これが、いわゆる「ジェネレーション・ギャップ」のひとつなのかもしれません。


わたし自身、最近20代のメンバーたちと活動をするなかで、もっと企業が世代を超えた情報交換に取り組むべき、と強く感じるようになりました。

そして、**SNSを駆使して採用に取り組み、なおかつSNSの発信には20代と知恵を出し合う時代が来ていること**を、多くの企業が認識したほうがいいと、強く感じています。

昨今の企業の採用に関する悩みは、

・とにかく若い人が来てくれない
・求めている人材が来てくれない
・いままで使われてきた求人サイトでは人が集まりにくくなっている

といったものが目立ち、採用自体がいままでとは大きく変わってきているのです。

SNS発信によって、企業の想いや入社してほしい人物像が明確になり、さらにその企業に共感する人が集まる流れをつくれると、大きなコストをかけずに、会社に合う、いい人材を確保できるようになります。

しかも、**SNSに詳しい20代の若手社員と一緒に発信をすることで、若い人たちのSNS発信力を感じることができるはず**です。

特定のメンバーに発信を任せっぱなしにせず、会社一丸となってＳＮＳに取り組むことで、社内の「場」もよくなるでしょう。

若手社員が活躍できるポジションができれば、離職率の低下につながり、愛社精神もわいてくるのではないでしょうか。


このように、企業がＳＮＳ発信に取り組むことは、ブランディング・売上アップ・採用においていいことがたくさんある一方で、気をつけなければいけないこともたくさんあります。


企業の場合は、個人の発信とは違って、炎上のリスクを常に考える必要がありますし、複数名が関わることで情報やイメージ戦略がバラバラになってしまう恐れ、発信を担当していたメンバーが退職してしまう恐れもあります。

業種や企業のカラーによって、相性のよいＳＮＳも異なります。

本書では、企業がかならず押さえるべきＳＮＳ運用のコツを一冊に詰め込みました。

本書を参考に、安全・安心を確保しながらＳＮＳ発信を有効に活用する企業が増えることを、心から願っています。

２０２３年５月　秋山剛

集客にも採用にも効果絶大！　企業のSNS運用　目次

3 SNS発信で採用を成功させるには？

5 SNSをさらに企業で活用する方法

6 SNS広告の活用法

1

企業はいますぐ、SNS運用に取り組もう

企業はSNS運用に取り組み、ビジネスに活用しよう

企業はいまこそSNSに取り組むべき

いまやSNS（ソーシャルネットワーキングサービス）は、日常の一部になっていると言っても過言ではありません。

2020年の時点で、20代以上のインターネット利用者のうちSNSを利用する割合は、約80%というデータもあります。とくに若い層にとってSNSは当たり前の存在と言っていいほど、利用率が高くなっているのです。

一方で、若い人たちだけではなく中高年層においても、利用者が増えてい

ます。

ＳＮＳは、情報収集、コミュニケーション、エンターテインメント、ショッピング、ビジネスシーンといったように、さまざまな目的で利用されています。

とくに、物心ついたときからＳＮＳが身近にある「ＳＮＳネイティブ」とも言える若い人たちのなかでは、ＩｎｓｔａｇｒａｍやＴｉｋＴｏｋといった新しいプラットフォームが人気を集めています。

これらのプラットフォームが人気なのは、ビジュアルコンテンツに重点を置いたものであり、投稿も簡単で、多くのユーザーが利用しやすいからです。

また、コロナの影響もあって、オンラインでのコミュニケーションが一層重要視されるようになりました。リモートワークの状況下でも、ＳＮＳは、友人や家族とコミュニケーションをとる手段として重宝されています。

いまや、ＳＮＳは広く普及しており、年代を問わずさまざまな目的で利用されています。今後もＳＮＳの利用は増加すると予想されており、ビジネスにおいても、ＳＮＳを活用したマーケティングや採用活動がますます重要になっていくでしょう。

企業がＳＮＳに取り組まない理由は、どんどんなくなっているのです。

ＳＮＳは集客やブランディングに欠かせない

企業がＳＮＳに取り組むべき理由はいくつもありますが、もっとも重要なのは「集客」に役立つことです。多くの人々が日々利用するＳＮＳを使って企業が発信することで、新たな顧客を獲得することができるでしょう。

店舗展開をしている企業なら「来店誘致」も可能です。

たとえば、ＳＮＳ上で割引クーポンを配布することで、興味を持った人たちの来店を促すことも期待できます。

ＳＮＳは「ブランディング」にも有効です。

企業がSNS上で定期的に自社の情報を発信することで、顧客にとって企業の存在感が高まり、認知度が向上します。SNS上で積極的なコミュニケーションや顧客対応をはかることで、顧客満足度の向上につながることもあります。

このように、**企業がSNSに取り組むメリットは多く、現在ではSNSというツールがビジネスにおいて欠かせない存在**となっています。逆に取り組まなければ、競合他社に差をつけられてしまいかねません。

これからの時代を考えると、企業は積極的にSNS運用に取り組み、ビジネスに活用することを求められているのです。

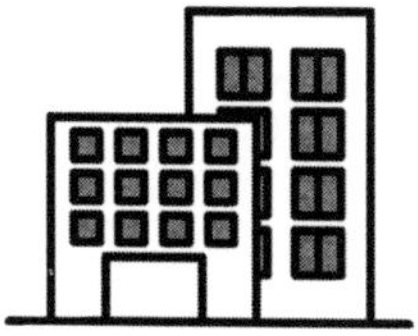

ＳＮＳ発信は採用にも大いに有効

採用を強化したいなら、就活生向けのＳＮＳ発信は必須要素

インターネットの進化やＳＮＳの普及により、採用事情は大きく変わっています。変化に対応した採用戦略を考えなければ、応募者は増加せず、理想的な人材の確保にはつながらないでしょう。

まずは、就活生の「動き」を把握することが大切です。

最近の就活生は、求人サイトとともに、かならずＴｉｋＴｏｋやＩｎｓｔ

agramといったSNSのアカウントを見て、どんな人たちが働いている のか、会社の雰囲気はどうなのか、といったことを確認します。

ですから、**企業がSNSで発信することは、「SNSネイティブ」の若者を採用するためには必須**と言えるでしょう。

なぜなら、

「こういう人たちと働きたい、こんな職場だったらいいな」

と思ってもらう必要があるからです。

採用に悩みを抱えている企業は非常に多い

わたしはさまざまな企業の方々とお話しすることが多いのですが、「はじめに」でも触れたように、よく採用に困っている、という話を伺います。

企業が来てほしいと思う若い人たちがSNSで情報をとっているのに、企業がSNS発信をしていないのは、まさに致命的です。企業と若者のニーズのずれを、なくしていかなければならないでしょう。

これまでは、Ｇｏｏｇｌｅなどの検索エンジンで情報収集する方法が一般的でしたが、近年若い世代の間ではＳＮＳを用いた情報収集が主流になっています。

採用活動の場においても、ＳＮＳ採用（ソーシャルリクルーティング）の導入は避けられません。

ですから、**就活生に見つけてもらい、会社のよさを知ってもらうためにＳＮＳで発信をするのは、企業にとって優先順位が非常に高いこと**なのです。

いままでは、求人サイトだけ利用していれば採用が成り立ってきましたが、これからは違う手を打つべき時代になっています。

まずは、そのことを認識しましょう。

ＳＮＳで「ファン化」できれば、採用はうまくいく

実際のところ、ショート動画を投稿できるＳＮＳであるＴｉｋＴｏｋでバ

ズっている、つまりSNS上で多くの人から注目を浴びている企業には、応募がひっきりなしに来ていると言います。動画を観た人たちが
「こんな人たちと働きたい」
と思ってくれるため、採用がとてもうまくいっていることが非常に多いのです。

もっとも、それは当然のことと言えます。

なぜなら、SNSによるブランディングがうまくいけば、ファンになった人たちが
「この人たちと一緒に働ける！」

と思ってくれるからです。

想いや人柄が伝わるような発信を若者たちはSNSで見ているのに、ここに力をかけないとすれば、本当にもったいないことではないでしょうか。

採用を強化したい企業は、こんなSNS発信をしよう

活躍できる「イメージ」を見せてあげることが大切

前述の通り、近年は採用を強化したい企業が非常に多くなっている一方で、就活生はSNSを見て企業研究をするのが当たり前になっています。

そもそも、就活生はSNSで企業研究をするときに、何を見て申し込みをすると思いますか？

それはやはり、「社員の人柄」や「社員同士の関係性」でしょう。

就活生が重視するのは、自分がその場所で活躍できるのか、「自分らしさ」

が出せるのか、という部分なのです。

自分らしさとは、「自分の持ち味を活かして働けるか」ということ。

給与額を判断基準にする就活生はそれほど多くはなく、お金を稼ぐよりも「自分がこの会社で活躍できるのか」を見ているのです。

いま20代の採用がとても軌道に乗っている、あるSNS運用代行会社の役員の方から聞いた話です。

その企業では「営業コンサルタント」を募集するときに、「営業」という文言を出さず、「SNSマーケッター」といった表現をしているそうです。

そのような名称であれば、若い人も「かっこいいから、やってみたい」と思うのでしょう。

「かっこいい」というイメージに、かなり反応する傾向があるので、「その会社で働いている自分が、好きになれそう」といったように、自分が働いているイメージがわきやすい打ち出し方にする必要があるのです。

ＳＮＳを通じて「場」が伝わる発信をしよう

それでは、20代の若手が働いているイメージがわくようにするには、どうすればいいのでしょうか？

ひとつの例として、「滅多に見られないシーン」を発信する方法があります。

たとえば、「社長と社員の掛け合い」の動画が、ＴｉｋＴｏｋでたくさん発信されています。社長と社員の掛け合いは、会社のなかにいなければ、滅多に見られないシーンではないでしょうか。

こういったＳＮＳ発信を通じて経営者の想いや人柄を知ることができるので、観た人に親近感を持たせる効果が生まれます。

従来の企業看板やブランディングよりも、会社の職場環境や「場」が伝わる自然な発信をしていくことが、必須になっているのです。

会社の「人柄」がわかる発信に
20代は食いつく

20代の知恵を活かし、「チーム」でSNS発信をする効果

「SNSネイティブ」世代の離職が防げる

企業でSNS発信をしていくと、売上や知名度のアップや、採用活動以外にも、大きなメリットがあります。

それは、**20代が大いに活躍できる場をつくることで離職を防止する効果、そして社員が仲良くなる効果**です。

弊社でも、わたしのいままでの経験を活かしつつ、20代の知恵を借りながら、動画作成と発信をはじめました。

46歳のわたしの半分の年齢の女性メンバーとの掛け合いの動画です。

一緒に企画を考え、ときには大笑いしながら、世代を超えて知恵を出し合ってワイワイとつくり上げることができています。


制作に関わっている全員で知恵を出し合うので、とても仲良くなれますし、「SNSネイティブ」である20代主導で進められることも、大きなポイントと言えるでしょう。

動画の制作過程でコミュニケーションが活発になる

以前わたしがTikTokで配信していた「恋愛ドクター」で、ひとり語りをしていたときは、基本的に撮影をひとりで行っていました。

その際は、まず、リサーチして企画を立て、台本を考えて、話してみて違和感がないかを検討し、撮影をする。

そして、撮影も一発撮りではなく、たとえば台本を行ごとに話をして撮影し、チェックをして、といった形で行っていたのです。

ところが、いま発信している「掛け合い」であれば、チームの共同作業になります。一度みんなが通しで演じて、間違えたら

「あ、ゴメンなさい、間違えました」

と謝り、

「ここ、カットしてください」

と編集の人にお願いします。

掛け合いをするメンバーとも、

「なんか、堅いよね」

「普段こんな言い方はしないよね」

と話し合いながら、つくっていきます。

最初のうちは「社長」と呼ぶ段取りだったところ

「普段、『社長』とは呼んでいませんよね」

と変えることもあれば、きついセリフは柔らかい言葉にすることも。

「こっちの掛け合いのほうがおもしろくない？」

といったアイデアが出てくることもあります。


このような形でできると、とてもコミュニケーションが活発になるのでおすすめです。

SNS発信を通じて、次世代を担う若い人たちと知恵を出し合えば、会社の環境もよくなり、次の世代をよくすることにもつながると、わたし自身、強く実感しています。

若手のSNS担当者を採用し、育てている企業の例

SNS発信を活性化する目的で、若手を採用

道頓堀でたこ焼き屋さんを営んでいる「株式会社くれおーる」さんは、SNS発信をするために20代を採用し、広報事業部をつくって担当者を割り当てました。そして、社長との掛け合いでショート動画を発信しています。

そもそもくれおーるさんが若手層を採用したのは、SNS発信の活性化に本気で取り組もうと決意し、そのための人材を確保する必要がある、と考えたからです。

まず、「ＳＮＳのスキルを活かして、企業で活躍しよう」という案内で募集をかけたところ、人が集まりました。ＳＮＳを発信していく、という強い想いで、若い人材を入社させたのです。

ＳＮＳ発信をするには、運用代行（プロ）にお願いするか、自分たちで学んで発信するか、のどちらかの選択になるでしょう。くれおーるさんは、後者を選んだということです。

運用代行会社にお願いする場合、代行業者への依頼をやめてしまったら、たちまち発信ができなくなるリスクがあるので、ＳＮＳを自社で回していくのが理想です。でも、ほとんどの会社がうまく回せていないのが実情です。

ですから、**まずは社員を採用して育成計画を立てて、自分たちでできるレベルまでになったら代行業者に手離れしてもらう**、という流れを考えることも必要でしょう。

ＳＮＳ担当者を雇い、育成することは、企業の必須事項

結局のところ、若いＳＮＳ担当者が活躍できる環境をつくり、育てていくことは、今後企業が発展するためには必須のことと言えます。

あるクライアント先の社長さんが言っていましたが、**ＳＮＳに本気で取り組んでいくための担当者を置いておくのなら、覚悟を決めて、そのための予算をきちんと組んでおく必要があります**。

ただ、それを続けていくためには、本腰を入れなければいけません。

中途半端に取り組んでも、うまくはいかないでしょう。

きちんとゴールから考えて、何を目的に取り組むのか、誰に対して発信するのか、どんな企画をどんなふうにやっていくのか、誰が担当していくのか、を決めなければいけないのです。

SNS発信には「社長の覚悟」も大切

SNS発信をしたほうが採用は圧倒的に有利

「社長の覚悟」と表現すると大げさかもしれませんが、SNS発信に関する「覚悟」は、至ってシンプルです。

そもそも、会社自体や会社のホームページ、運営するお店の存在を多くの人に知ってもらう方法は、広告かSNS、紹介、口コミしかありません。

そもそも、よほどの好立地でなければ、SNS発信なしで存在を知ってもらうのはほぼ不可能です。

ちなみに、ＴｉｋＴｏｋでバズり、ＴｉｋＴｏｋライブにもたくさんの人が訪れるたこ焼き屋さん（前述した、くれおーるさん）は、道頓堀の中心部の好立地にありますが、それでもＳＮＳ発信を積極的に行っています。

立地のいいところに数店舗を構える企業でさえ、コロナを機に、しっかりとＳＮＳ発信をはじめているのです。

重要なことなので繰り返しますが、**会社を認知してもらったり、採用の応募者を増やしたりするためには、「ターゲットの人たちがＳＮＳを見ている」ことを意識する必要があります**。

採用では、就活生は求人サイトで見つけた企業のＳＮＳを見て、雰囲気や働いている人たちをチェックしています。ですから、発信をしたほうが圧倒的に有利と言って間違いありません。

ＳＮＳの効果を知らない経営者は多い

ＳＮＳ発信をする覚悟を持たない企業は、ＳＮＳの効果をまだ知らないのではないでしょうか。

SNSがビジネスや採用につながる認識がないために、

「本当にSNSなんかで、売上や採用につながるの？」

と懐疑的になり、優先順位を低くしているように感じます。

そして、たとえばチラシを撒く、グーグル広告を出す、イベントを開催するといった、従来通りの広告手法を続けているのではないでしょうか。

より多くの人に知ってもらうには、SNS発信は欠かせませんが、実際のところどのようにはじめたらいいのかがわからず、取り組む優先順位も低いために、従来通りにしているほうがラクなのかもしれません。

ところが、従来の手法では効果が落ちている企業が増えているのです。若い層は確実にSNSで情報を得ているので、**SNS発信をしている会社としていない会社とでは、これからさらに大きく差がついていく**でしょう。

先行者利益を取れるのは、いま

いま注目されているＴｉｋＴｏｋは、先に手がけた企業が先行者利益を得ている状態です。次々とバズったり、一気にフォロワーが増加する事例も出ていますが、ＳＮＳマーケティングを理解し、目的を持って、継続して発信できている企業はまだ一部です。

ただ、これからＳＮＳに真剣に取り組む企業が増えれば、同業者のライバルも増えます。

そのときにＴｉｋＴｏｋに取り組んでも、もう遅いかもしれません。

先行者利益を得るには、できるだけ早くＳＮＳに参入しておいたほうがいいのです。

会社の経営計画のなかにSNS運用を組み込もう

大企業も、ＳＮＳ発信に悩んでいる

「宣伝」に終始して、リストを活かしきれていない

ありがたいことに、最近はわたしたちのもとに企業からの研修依頼が増えています。

先日も、大企業の社員の方々に向けてＳＮＳ研修を行う機会があったのですが、そのために研修担当の方と事前打ち合わせをさせていただいたときの話です。

研修担当者によれば、あまりＳＮＳに馴染みのない年代の上司は、従来の

宣伝方法にこだわっている人が多く、大きく変えるのが難しいそうです。

ブランド力がある企業ですが、SNSでも宣伝広告しか行っていないとのこと。**お客様が本当にほしいと思っている情報や、お役立ち情報をSNSで発信せず、宣伝ばかりしてしまっているのは、ファンづくりにおいて大きな問題**と言えます。

企業の「ファン化」する発信を

この企業に限らず、宣伝広告ばかりになっていたり、ただ発信しているだけのSNSになっていたりしている例は多く見られます。

たとえば、複数のサービスを扱っている企業であれば、サービスごとにフォロワーの属性がまったく異なるにもかかわらず、同じアカウントにすべてが混在してしまっているのが、うまくいかない原因のひとつです。

発信しているだけの状況を改善する方法として、「サービスごとのアカウントをつくる」というものもあります。

つまり、ひとつのアカウントにすべてのサービスの発信を集めるのではなく、サービスごとにターゲットが求める情報を発信するSNSアカウントを分ける。そして、別々にプロモーションを行えば、ファン化する動線をしっかりつくっていくことができるでしょう。

企業に対する認知やエンゲージメントも、もっと上がっていくはずです。

たとえば、飲食店と物販を展開している企業のアカウントでは、ターゲットの違う飲食店と物販の発信が混在しているケースが少なくありません。この場合、アカウントを分けて、ターゲットごとに適切な発信をする必要があります。

読み手にファンになってもらい、集客するために発信する、と意識した組み立てをしなければ、せっかくのSNS発信を活かしきれないのです。

企業のＳＮＳ発信で陥りがちなこと

規模の大小を問わず、ＳＮＳは企業に役立つ

ＳＮＳは、大企業の採用でも有効です。

たとえば、社員が普段仕事をしている裏側や、互いに関わり合っている姿が見えれば、より親しみがわきます。

何らかのＳＮＳ発信をしている企業が増えてきていますが、前述したように、かならずしも有効な発信ができていないケースも少なくありません。

ここから、大企業、中小企業に分けて、ＳＮＳ発信で起こりがちな問題を

解説していきます。

一貫性のない非効率なアカウントになっている

大企業では、ひとつの「企業名の公式アカウント」で、複数の担当者がそれぞれ統一感のない投稿をしている状態、つまり一貫性のないアカウントをよく見かけます。

こうなると、SNSのアルゴリズム上、伝えたい人たちに伝えたいことが拡散されないので、成果につながりにくいのです。

企業名の公式アカウントでも、ある程度の一貫性を持たせたほうが、届けたい人たちに届きます。

いっそのこと、コンテンツごとにアカウントをつくり、それぞれの担当者がプロモーションをかけたほうが、成果につながりやすいのではないでしょうか。

CMや告知で終わり、動線をつくれていない

企業が陥りやすいことのもうひとつに、「CMや告知で終わってしまうこと」があります。

予算をかけてCMを打って告知しているのに、CMを見た人が購入や来店につながるような、リスト獲得の動線ができていない状態です。

もちろんCMには告知力があるので、認知はされます。

ただ、ホームページを見ても、スムーズな動線がなければ顧客の獲得には至りません。

どうすればいいかと言えば、ホームページを見た人が見込み客（リスト）になるように、LINEやメールに登録する流れをつくるのです。

たとえば、LINE登録してくれた人に登録特典をつけたり、メールでアンケートに答えたら割引をしたりする、といった方法が考えられます。

中小企業のＳＮＳで陥りがちな失敗とは

社員に任せてなんとなくはじめてしまう

中小企業におけるＳＮＳ発信の失敗のほとんどが、社員に任せてなんとなくはじめてしまうこと。つまり、誰が発信するか、ターゲットをどうするか、どんなコンセプトにするかが定まっていない、ということです。

もちろん、何もしないよりはいいのですが、とりあえず数を発信しよう、プライベートを発信しよう、日常の業務を発信しよう、と思っても、見ている人は基本的に興味を持っていません。中途半端な画像や動画を載せているだけでは、伸びないのです。

SNSに詳しい社員がいない

SNSに詳しい社員がいなければ、SNS発信は、うまくいきません。

クライアント先のある不動産会社は、Instagramのリール動画が伸びています。内容は、いわゆる内覧をするもので、自分たちで撮影して、編集して、という形で住宅内を見せていきます。かなり工夫しながら撮っているので、とてもよくできた動画です。

ただ、これはクオリティの高い動画を自分たちでつくっていける、リテラシーの高い若い人材がいたからこそできたことです。SNSに詳しい人がいない会社なら、その時点でハードルが高くなってしまいます。

たまたま適任の人がいればいいのですが、一方でただなんとなく担当者を決めてやらせたとしても、簡単にできるものではありません。

ひとつの選択として、SNS運用代行業者に依頼するのもいいでしょう。

人的リソースが限られていて、担当者もＳＮＳにあまり詳しくない中小企業であれば、撮影や編集をしてもらい、投稿してもらうような運用代行サービスを利用するのも、ひとつの方法と言えます。

「自分目線」で発信してしまう

ＳＮＳに詳しい社員がいない場合、日々の投稿のネタや企画にも困ってしまいます。何を発信していこう、誰が発信しよう、といったところで悩んでしまうのです。

結果として、「今日、会社でこんなことがあった」という「自分目線」で発信している会社が多くなるわけですが、これは、単に発信することが目的になっているからです。

日記のような投稿をしても、意味がありません。

これらが、企業のＳＮＳ発信でよく陥りがちなことです。

2

企業のＳＮＳ運用、まずはここを押さえよう

SNS運用をはじめる前に決めること

①「目的」を明確にする

本章では、「企業がSNS運用をはじめる前に準備をしておくべきこと」についてお話しします。

SNSでは、ついフォロワー獲得を目的にしてしまいがちです。もちろんそれも大事なことですが、**まずはSNSを発信する目的を明確にしましょう**。企業がSNS運用をする目的には、①集客、来店客の増加 ②採用 ③ブランディングの3つが考えられます。何を目的にするかを決めて、具体的な集客数や求人の応募数の数字を設定すると、方向性が明確になるでしょう。

②ターゲットを明確にする

SNS運用は、**誰に向けて発信するのかを明確にする**ことで、投稿内容の方向性が定まり、より成果につながりやすくなります。ターゲットを明確にするには、たったひとりの人、つまり「ペルソナ」を設定すると、イメージの共有がしやすくなるでしょう。

③発信するSNSを決める

発信するSNSは、「SNS運用をする目的」と「ターゲット」をもとに、それぞれのSNSの特徴を知ったうえで決定しましょう。

④運用マニュアルを定めて体制を整える

利用するSNSが決まったら、運用マニュアルを作成しましょう。

マニュアルをつくることで、ＳＮＳ担当者が不在であったり急に退職してしまったりしても、難なく対応することができます。

運用マニュアルで決めておいたほうがいい項目は、次の通りです。

・**投稿頻度**
・**投稿時間**
・**投稿内容の作成フロー（作成手順と担当者を明記する）**
・**写真、動画の投稿方法（形式やサイズ、色味など）**

ＳＮＳ担当者を決めてチームをつくり、体制を整えることで、運用が円滑になるので、さらに結果につながっていくでしょう。

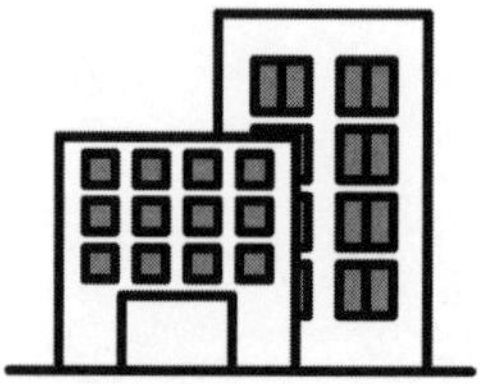

主要なSNSの特徴

①Facebook

SNSにもいくつかのプラットフォームがあり、それぞれ特徴や利用層が異なります。ここでは、主要なSNSについて説明していきます。

Facebookは、2023年時点での月間アクティブユーザー数が2600万人に達し、非常に多くの人が利用しています。幅広い層を集客できるものとして、ビジネスに活用している企業や店舗が増えています。30〜40代のビジネス層の利用と信頼性の高さも特徴です。

ほかのＳＮＳとの大きな違いは、基本的に、実名かつ顔写真の登録が必要ということ。そのため、ビジネスシーンで活用している人が多く、プライベートよりもフォーマルに、同僚やクライアントなどとつながるツールとして利用されることが多くなっています。

また、実名登録のため、誰かれ構わず友達になるというよりも面識のある人とつながることが多いので、投稿が注目されやすいでしょう。

なお、個人用のＦａｃｅｂｏｏｋが基本的に実名登録なのに対し、Ｆａｃｅｂｏｏｋビジネスページは企業名や商品名での登録が可能です。

ビジネスページでは「企業とユーザーのつながり」を促進できるので、採用やＢｔｏＢのプロモーションを行う場としても、相性がいいと言えます。

企業内の様子を知ってもらえば、企業への関心を高めてもらうことも叶います。

ユーザーの本名はもちろん、年齢や居住地、勤め先など正確なプロフィール情報に基づいて広告を配信できるのも、ビジネスページの強みです。

②Instagram

Instagramの特徴は、写真や動画を投稿することにより、目で見て楽しめることに特化したSNSである点です。国内におけるInstagramの月間アクティブユーザー数は約3300万人（2023年時点）で、日本の利用者は男性が43%、女性が57%です。メインユーザーは20～40代であり、写真や動画の投稿だけでなく、買い物の手段として利用する人も増えています。

この特徴を利用し、Instagramで人気になったインフルエンサーがブランドを立ち上げて、ここを拠点としてビジネスをしていくケースも増えています。

写真や動画はテキストとは違い、商品のイメージを伝えやすいので、アパレルやコスメといったイメージ重視の商品との親和性が高いと言えます。

企業のＩｎｓｔａｇｒａｍは、「新規顧客との接点づくり」「ブランディング」「ファンとのコミュニケーション」「売上の増加」など、消費者との関係構築を目的として活用されることが多くなっています。

ユーザーが、興味・関心のあるカテゴリを深掘りしたり、プライベートでつながっている人とコミュニケーションをしたりすることも、Ｉｎｓｔａｇｒａｍの主要用途であることがわかりますね。

また、Ｉｎｓｔａｇｒａｍはリールの追加、ライブなどの活用も進んでいます。企業が活用しやすい下地が整っており、**ブランディングや認知拡大はもちろんのこと、直接売上につながるチャネルとしての活用も見込めます。**

③Ｔｗｉｔｔｅｒ

Ｔｗｉｔｔｅｒは、ほかのＳＮＳと比べて即時性があり、「リアルタイム性」

を特徴とし、拡散力にも優れたSNSです。

国内ユーザー数は4500万人を超え、多くの企業がマーケティングに活用。特徴的な機能である「リツイート」によって一気に情報が拡散し、話題化もしやすいため、キャンペーンでの活用を検討している企業も多くなっています。

リアルタイムの情報が得られることから、ユーザーは、トレンドに敏感な20~40代が多くなっていますが、思ったことを140文字という短文でつぶやける手軽さから、広い年代に利用されているのです。

情報の入れ替わりが早い分、投稿するコンテンツによっては「既存ユーザーのファン化」「新規ユーザーの獲得」のどちらにも対応できます。

自社の商品の利用者やファンからのコメントなど、**反応をリアルタイムに収集できる点が、企業アカウントとしてTwitterを活用する大きなメリット**です。利用目的として多いのが、「暇つぶし・余暇」、「趣味・好きなことに関する情報収集」です。ほかのSNSよりも情報の鮮度が高いため、最新情報へのキャッチアップを目的にしている人が多いと言えます。

たとえば、「企業公式アカウントからの情報収集」や「いい商品やサービスの発見やクチコミのチェック」などで使われることも多々あります。

④YouTube

日本国内のYouTubeのユーザーは6500万人。10代から60代の7割以上の人が利用しているため、幅広い年齢層にアプローチできます。

動画には文字や画像だけのコンテンツでは伝わらない臨場感と説得力があり、視聴したユーザーの共感を生みやすいという特徴も備えています。

チャンネル登録をしてもらえれば、何度もユーザーと接触することができるようになり、親近感を持ってもらえたり、信頼感を得られたりできるのも、YouTubeを運用する大きなメリットです。

投稿した動画から、ECサイト、実店舗への集客につなげることもできます。動画を観て、商品やサービスに興味を持ってくれた人に対して、自社のWebサイトやランディングページに誘導することも可能です。

動画の概要欄を使って宣伝することもできます。これはブランディングの向上や新規顧客の獲得につながる、大きなチャンスになるでしょう。

SEOに強いのも、YouTubeの特徴です。興味のあるユーザーがワードを検索することで、動画にたどりつくことができます。GoogleやSNSで検索をかけ、YouTube動画にたどりつくこともあるため、問い合わせ数の増加につながっていくのです。

⑤LINE

LINEは、日本国内で月間9400万人が利用している、友だちになったユーザーへ直接情報を届けることができるサービスです。

LINEは、ユーザー数と情報伝達力がほかのSNSと比べて優れているため、広告などのプラットフォームとして利用する企業が増えています。
また、広告を非表示にする機能もないので、発信した内容がユーザーの目に触れやすいという特徴もあります。

企業がLINE公式アカウントを開設すれば、より多くのユーザーとコミュニケーションがしやすくなるでしょう。

なお、LINE公式アカウントには無料の「フリープラン」があり、メッセージ送信数が毎月1000通以下であれば、無料で使用することができます（2023年6月からは、月200通まで）。

ユーザーの主な利用目的は「連絡手段」であり、友人や家族への連絡で利用している人が多くなっています。

ニュースを閲覧できる機能もあり、トレンドのニュースを閲覧するためにも利用されています。

⑥ＴｉｋＴｏｋ

ＴｉｋＴｏｋは、15秒～1分ほどの短い動画を作成・投稿できるＳＮＳです。

ＴｉｋＴｏｋには、コンテンツをレコメンドする精度が高い、という特徴があります。ユーザー側も、フォローしていない人の動画も表示される「おすすめ」のフィードをよく利用しているため、まったく知らない人にまで届きやすいのが大きなメリットです。

一度視聴をはじめると見続けてしまうユーザーが多く、ユーザーひとりあたりの1日の平均視聴時間は、なんと67分。

若い女性が踊っているイメージを持たれることも多いのですが、最近のデータによれば、利用者の平均年齢が34歳を超えたそうで、２０１９年以降、毎年利用者の年齢層が上昇しています。

月間利用者数は１７００万人と言われており、プラットフォームとしても

成熟してきています。

海外ではすでにＹｏｕＴｕｂｅのコンテンツ視聴時間を上回っており、広告出稿することで数多くのユーザーとの接点を期待できるでしょう。

さらに、**SNSのなかでもとくに拡散性が強く、新規でもバズりやすい**と言えます。ＴｉｋＴｏｋはコンテンツ重視のＳＮＳであり、バズるためにフォロワー数は関係ないため、参入障壁が低いことが最大のメリットと言えるかもしれません。

また、ほかのＳＮＳ媒体と比べて、視聴者の消費にもつながりやすい傾向があります。コンテンツを「ながら見」ではなくしっかり閲覧することが、購買活動の熱量の高さにつながっており、商品・サービスの購入率は２０２１年で18％と、高い数値になっています。

これからますます注目されるＳＮＳです。

SNS運用成功の鍵は各SNSの特徴を見極め、組み合わせること

世界最大規模のビジネスSNS「Ｌｉｎｋｅｄｉｎ」

Ｌｉｎｋｅｄｉｎは、日本はまだブルーオーシャン

Ｌｉｎｋｅｄｉｎ（リンクトイン）というＳＮＳを、ご存知でしょうか？

Ｌｉｎｋｅｄｉｎはアメリカ発祥で、実名・顔出し登録が原則の「Ｆａｃｅｂｏｏｋのビジネス版」とも言われます。海外ではＬｉｎｋｅｄｉｎが名刺代わりであり、ＤＭを送って新規開拓するのが一般的です。

日本国内のユーザー数は３００万人程度と、まだ少数ですが、発祥の地であるアメリカでは１億６０００万人以上、ヨーロッパ全体では２億人以上が

利用していると言われています。

ブルーオーシャンであるいま、**Linkedinの運用に力を入れれば、少ない労力で影響力の大きいアカウントに育てられる可能性が高い**ため、とても大きなチャンスです。

Linkedinでは、当たり前に仕事の話ができる

Linkedinのいいところは、プロフェッショナルなつながりを比較的容易に構築できることです。Facebookがプライベート、Twitterは匿名性が高い点がネックですが、Linkedinは、ビジネスの新しいつながりが広がり、しかも実名登録であるため、非常におすすめです。

現在はまだ、登録だけをしている人、DMを送るだけの人が多数であり、頻繁に投稿している人はわずか1割ほど。ですから、共感が生まれる投稿をすれば、フォロワーが一気に増える可能性があります。

情報発信することで、優秀なビジネスパーソンの目に留まりやすいため、ブランディング活動を行っていくにはとても有益です。

自分が狙いたい層に直接アプローチできますし、採用やビジネスパートナーとしてのつながりも容易につくれます。しかもＬｉｎｋｅｄｉｎは、ビジネス用ＳＮＳなので、仕事の話をするのが当たり前です。

Ｌｉｎｋｅｄｉｎを活用してつながりを増やせば、新たなビジネスコラボレーションが生まれる可能性もあります。最近では、新規事業の共同開発、合同セミナーの開催、といった事例も増えています。

プロフィール例、実際の投稿例

プロフィール欄には、何に強い、どういうことを行っている、どういう人とつながりたい、一緒にビジネスをする人を探している、といったことを書いておきましょう。

わたしのＬｉｎｋｅｄｉｎのプロフィール画像を載せておくので、参考にしてください。

投稿は、ビジネスの価値提供やお役立ち情報でもいいのですが、ほかのSNSと同じように、共感を生むものがおすすめです。強みばかりをアピールするのではなく、自分の理念、ポリシー、ビジョンに通じることを発信してください。

実際に手がけた実績を載せるのもいいでしょう。

あるLinkedInのイン

フルエンサーによれば、「家族の話、プライベートの話を載せたほうがファンがつきやすい」とのことでした。投稿頻度は、２日に１回程度を目指しましょう。

動画投稿はいい反応を得られやすい

ちなみにＬｉｎｋｅｄｉｎの投稿には、ＴｉｋＴｏｋやＩｎｓｔａｇｒａｍのリールの動画素材をそのままアップできます。
Ｌｉｎｋｅｄｉｎに動画をあげている人は、いまのところほとんどいないので、**動画をあげればかなりの好反応をとれるはず**です。

わたしたちも、「こういうふうに縦長の動画を使っていけば、採用につながりますよ」と発信したところ、実際に企業の採用担当者からとてもいい反応をいただいており、企業のＳＮＳ採用支援の受注につながる可能性を強く感じています。

Ｌｉｎｋｅｄｉｎ内で気になる人にＤＭを送ることもできるので、情報交換をはかることができます。共感が生まれる投稿をしていれば、高い確率で、つながりたい人とアポイントがとれるでしょう。

わたしたちもかなり活用していますが、ＤＭの反応はいまのところ非常によく、送った先から「ぜひお会いしましょう」というありがたい返信をよくいただきます。日程を出して情報交換をしましょう、と発信すれば、ほぼアポイントにつながっていくのでおすすめです。

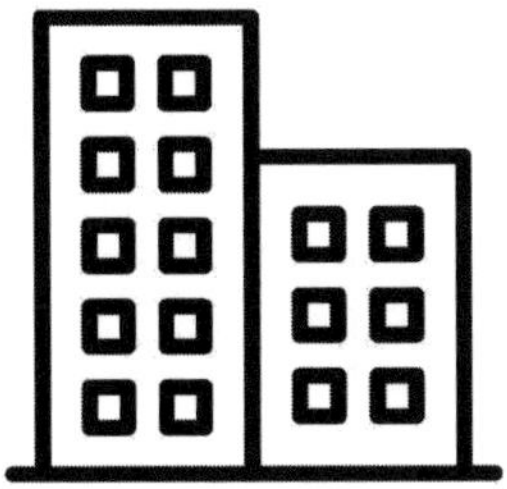

いま注目のＴｉｋＴｏｋ

ＴｉｋＴｏｋは拡散性が高く、認知にもっとも効果を発揮する

すでにお話しした通り、**ＴｉｋＴｏｋは拡散性が高いのですぐにバズりやすく、認知度向上にもっとも効果を発揮するＳＮＳです。**

投稿すれば１００回ほど自動的に再生されて、いいコンテンツであればさらに拡散され、大規模にバズっていくので、参入障壁が低く、取り上げてもらいやすいＳＮＳと言えます。

ＹｏｕＴｕｂｅよりもはるかに動画編集がラクなことも、ＴｉｋＴｏｋの大きなメリットです。いまなら、しっかりがんばれば**3ヵ月で1万フォロワーを達成することも可能**です。

「いまチャンスなのは、ＴｉｋＴｏｋ」と言える5つの理由

ＳＮＳには「旬」があるのですが、いまもっとも旬を迎えているのはＴｉｋＴｏｋでしょう。

そう言えるのは、５つの理由があるからです。

①若者だけでなく、年齢層が高めの人も利用している

ＴｉｋＴｏｋは「若者向けのＳＮＳ」というイメージを持つ人も多いのですが、２０２１年４月に実施された、あるマーケティング会社の調査によれば、ＴｉｋＴｏｋの利用者は、現在では平均年齢は34歳を超えているとのこと。幅広いユーザーが利用している、ということですね。

②短期間でインフルエンサーになれる

ＴｉｋＴｏｋの特徴として、初速が早い、動画編集がラク、誰でも簡単にできる、視聴者の反応がわかりやすい、ユーザー目線のコンセプトが明確になる、といったものがあります。アカウントの育成が必要なほかのＳＮＳと異なり、**コンテンツさえよければ1本目の動画でバズる可能性がある**のです。

③まだまだライバルが少ない

ある会社の調査によれば、「ＴｉｋＴｏｋを観るだけ専門」のユーザーが93％であり、発信している人が少なく、いまならまだまだ市場はガラ空きと言えます。

④アルゴリズム的に興味0の人にもアプローチできるSNS

ＴｉｋＴｏｋのアルゴリズムは、まず１００人ほどに動画が届き、その１００人の評価がＡＩによって判断されるしくみになっています。

評価は「いいね数」「コメント数」「シェア数」「プロフィールクリック率」「フォロー率」「視聴維持率」「視聴完了率」などによってなされ、重視されるポイントは定期的に変わります。

⑤動画投稿で認知させ、ライブでファン化できる

最近のＴｉｋＴｏｋは、「ライブ」にも力を入れています。

動画投稿で、まったくの新しい層に届く、「ゼロイチ」の認知拡大を行ったうえでライブを開催すれば、発信者とのコミュニケーションを主目的に訪れるので、濃いファンが拡大する可能性があります。

近々実装されると言われているＴｉｋＴｏｋショッピング（ライブコマース）をはじめ、**TikTokライブには大きな可能性が感じられる**のではないでしょうか。

縦型動画は汎用性が高い

縦型動画はさまざまなSNSに使える

従来はYouTubeのようなSNSが圧倒的なシェアを誇っていたので、動画は横型が主流でした。でも最近は、**TikTokやInstagramのリール、YouTubeショートのような、スマホの形に合った縦型動画のシェアが拡大しています**。

TikTok用の動画素材をつくれば、InstagramのリールやYouTubeショートにも使えますし、LinkedInなどにもアップできるので、非常に便利です。

どのSNSのプラットフォームも、基本的に縦型で短い動画に力を入れてきているように思えます。

LINEにも「LINE VOOM（旧「タイムライン」）」という機能ができました。

縦型動画はFacebookにも投稿できるので、Facebookユーザーにも広めることができます。

2600万人のFacebookユーザーにも届き、興味を持ってもらえたら、便利だと思いませんか？

Instagramの「リール」も徐々に、アルゴリズムをTikTokに寄せている傾向があると言われているため、TikTokとリールの双方で動画がバズる可能性があります。

会社HPに縦型動画を入れる取り組みがウケている

先ほども少し触れましたが、いまわたしが注目しているのは、会社ホームページ（採用ページ）に縦型の動画を入れることです。

とくにいまは、8割を超える就活生がＴｉｋＴｏｋの配信をしている企業の動画を見たことがあり、そのうちの約8割が、ＴｉｋＴｏｋをきっかけに企業に興味を持った、と回答しているそうです。

さらに、興味を持って実際にエントリーした就活生は、約7割に及びます。

実際、縦型動画の採用ページをつくったクライアント企業が、自社のホームページにＴｉｋＴｏｋを表示させたところ、前年は応募がゼロだったにもかかわらず、縦型動画を表示後、20代2人、30代前半2人の若い社員の採用につながりました。

自社のホームページでＴｉｋＴｏｋやＩｎｓｔａｇｒａｍなどの短編動画

を観れば、会社の社風や社員の人柄がわかるため、**合う人が来る、合わない人は来ないということで、機会損失がなくなる効果もあります**。

人事採用にはＴｉｋＴｏｋが非常に有効であり、ホームページで縦型動画を入れることが、これからは必須になっていくはずです。

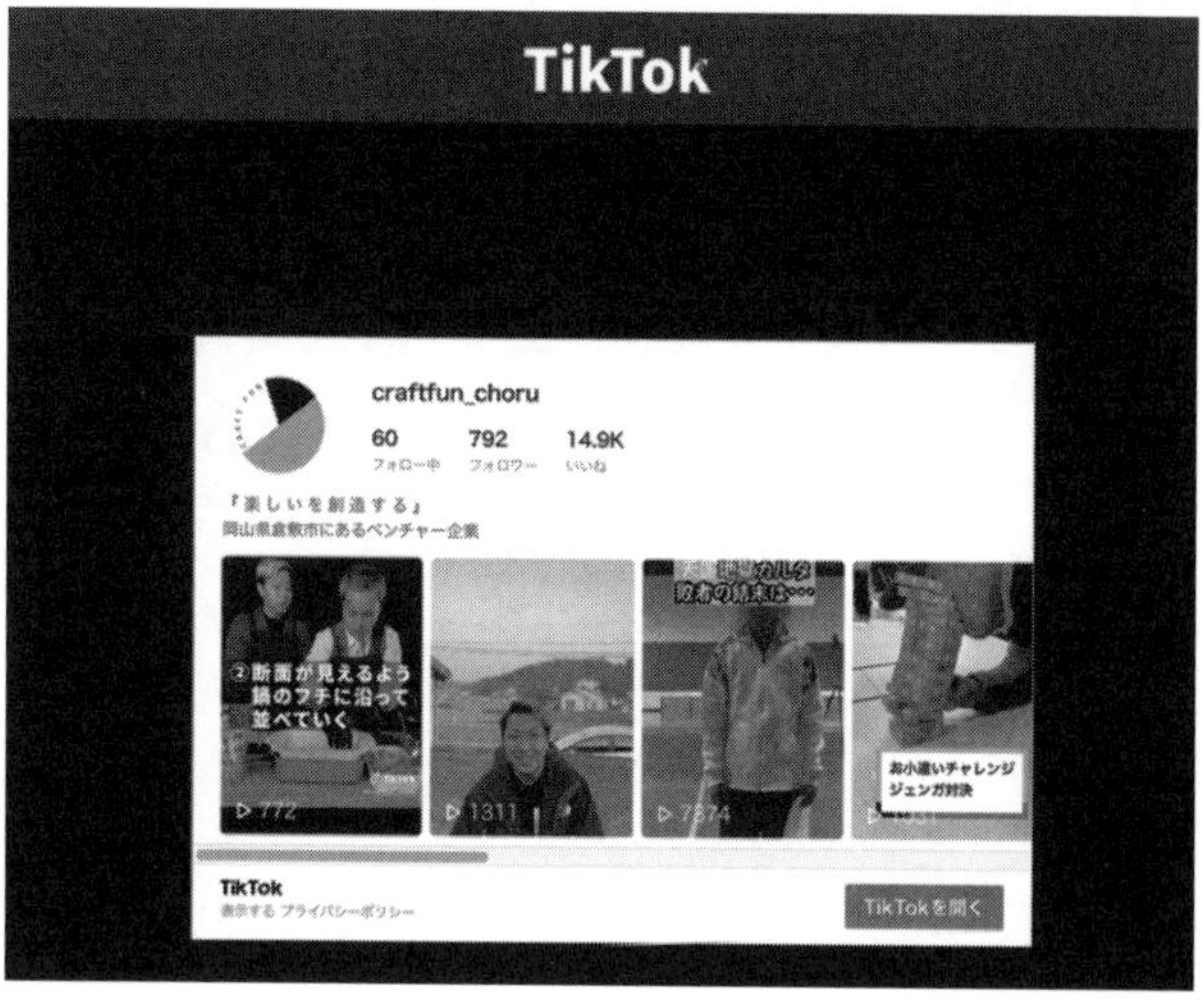

Ｆａｃｅｂｏｏｋは「ビジネスページ」へシフトしている

ビジネスには、個人アカウントは適さなくなっている

最近、とても興味深いことがわかってきました。
それは、多くの人がＦａｃｅｂｏｏｋの変化に対応できていない、という話です。これは、企業にとって非常に重要なことでしょう。

ビジネスシーンで注目されているのは、Ｆａｃｅｂｏｏｋのビジネスページです。ビジネスページで投稿したほうが、「いいね」はあまりつかなくても、多くの人にリーチするようです。

Ｆａｃｅｂｏｏｋは、個人アカウントでアップするのが一般的ですが、個人アカウントでいくら「いいね」をもらっても、多くの人へリーチしません。個人アカウントは、今後さらにリーチしなくなると言われています。

日本のＦａｃｅｂｏｏｋ人口は、２６００万人ほどで頭打ちしているので、費用を払って広告を回すビジネスページのほうがより多くの人にリーチできるようになっている、ということです。

最近、ＦａｃｅｂｏｏｋのΝ個人ページでライブをしても視聴者が伸びないのも、そのためです。Ｆａｃｅｂｏｏｋの運営側は、ビジネスで広告を使うユーザーを伸ばす方向にシフトチェンジしているように思えます。

つまり、ＩｎｓｔａｇｒａｍやＴｉｋＴｏｋと同じく、**「友達」ではなく新規フォロワーを増やすために、Ｆａｃｅｂｏｏｋを使っていく必要がある**のです。

「炎上」の対処法と予防法

炎上する主な4原因

SNS発信において企業がもっとも警戒するのは、「炎上」ではないでしょうか。SNSで軽率な表現や振る舞いをすることで炎上してしまった場合、企業のイメージダウンにつながってしまうからです。

企業のブランド価値を損なわず、理想的な状態に保つためにも、炎上の知識を持っておくことが大切です。

まずは、炎上の原因となるものを知っておきましょう。

実際に企業が炎上する原因を把握しておけば、気をつけるべきことが見えてくるからです。

①社会的なモラルを欠いたもの

宗教や政治に関する内容は、批判を受けやすい傾向があります。

また、最近はジェンダーに関する発信も、注意しなければいけません。

投稿者が悪意なく投稿しても、表現によっては炎上してしまうこともあります。発信前に、社内で内容の確認を行うことが大切です。

②クレーム対応の不備

クレームに対して配慮に欠ける、もしくは言葉足らずの対応をすることで、炎上することも少なくありません。

ＳＮＳ投稿を削除しても、スクリーンショットなどで晒されてしまうため、誠意を持って、慎重に言葉を選ぶようにしましょう。

③ステルスマーケティング（ステマ）

有名人などに依頼して、本人が普段からその商品やサービスを使っているかのように欺く商法を、ステルスマーケティング（ステマ）と言います。

海外では違法とされることが多く、日本でも禁止の方向に動いています。

ステマを行っている企業というイメージが広がると、消費者からの信頼を失いかねないので、インフルエンサーなどを使用する際には、宣伝であることがわかる表示や紹介の仕方を指示するようにしましょう。

④担当者の誤送信

SNS担当者が自身の個人アカウントと間違えて、会社のアカウントで投稿するケースも、意外に起こるものです。投稿が会社のマイナスになる内容であれば、イメージダウンにつながります。

ほかのアカウントを中傷する投稿も、企業の信頼を失いかねません。

SNSを担当する社員のモラル教育にも、力を入れましょう。

炎上したときの対応

炎上した場合は、まず速やかに事実確認を行いましょう。事実をつかんでいなければ適切な説明ができず、さらに炎上してしまうからです。

そして、投稿は画像とURLを両方とも保存してください。炎上が拡大すると、悪意ある画像や動画などが拡散される可能性があるためです。投稿をすぐに削除すると、あとから確認する方法がなくなってしまいます。

なお、**投稿を削除するときは、セットで謝罪文を投稿しましょう**。謝罪文では、動画を削除したことを伝えるとともに、世間やユーザーが納得できるような説明をすることが不可欠です。

炎上しないための対策

①SNS運用マニュアルの作成

SNS担当者はもちろん、会社全体で共有できるマニュアルを作成し、触れてはいけない内容を明確に記載しましょう。

マニュアルには、アンチコメントが入ったときや炎上したときの対処も記載しておくと、いざというときに適切な対応ができます。

②複数名でチェックする

担当者がよかれと思って作成したものでも、違う人が見ることで、炎上のリスクを発見することができます。**内容に炎上する要素がないか、複数名でチェックしましょう**。

③社会情勢を考慮する

世の中の動きをとらえておくことで、発信が不適切に受け取られないかを判断することができます。ニュースを押さえ、時勢を考慮した発信をしていきましょう。炎上は企業にはかり知れないダメージを与えるので、回避できるように運用していきたいですね。

「炎上」の対策と予防

＜炎上の主な原因＞

社会的な モラル欠如	クレーム対応 不備	ステマ	担当者の 誤送信

↓

- ●速やかに事実確認
- ●画像とURLを保存
- ●投稿の削除と謝罪文はセット

⬇

＜予防＞

①SNS運用マニュアル作成
②複数名でチェック
③時勢を考慮した発信

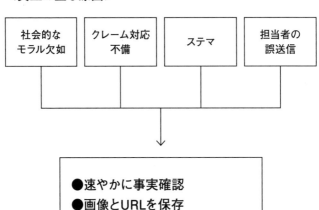

変なコメントが入ってきたときの対処

場を荒らす人は「ブロック」することも必要

ＳＮＳ発信をして、名が知られるようになってくると、変なコメントが入ってくることもあります。

これは、本当に多くの人が経験しています。

場を荒らす人は、どこでも構わず荒らすものですが、それがライブであれば、大切な1回分が台なしになってしまいますよね。ＴｉｋＴｏｋならアーカイブは残らないのですが、ライブ自体が残念な場になってしまいます。

では変なコメントが入ってきたときには、どうすればいいのでしょうか。

まず心がけたいのは、コメントをする人には関わらない、返信しないことです。

あまりにもコメントがひどく、止まらない場合には、そのユーザーをブロックすることができます。そして、ブロックされたユーザーは、フォローが解消され、該当の配信や配信者のプロフィールが見られなくなります。

属性の悪い人が集まらないようにすることも大切

そもそも、**場を荒らすような品のない人が入りにくくなるような発信をする必要がある**でしょう。

よく、炎上でビジネスをしている有名人もいますが、そのような人たちへの反応として多いものに、生理的に嫌悪感を覚えていることをあらわす「気持ち悪い」という言葉がかけられるケースや、「極端な発言」や「賛否の分かれる行動」が物議をかもして批判が集中するケースなどがあります。

ですから、ここであげたような炎上につながる要素は、なるべく省いたほうがいいでしょう。

炎上を売りにする有名人は、炎上することがひとつのブランディングにもなるかもしれませんが、企業の場合、好ましくありません。

ひどい発言や振る舞い、人の尊厳を傷つけるような発信は、炎上を招き、企業ブランドを傷つけるものと考えたほうがいいでしょう。

日頃から気をつけておかなければ、属性のよくない人が集まってしまいます。たとえば、頻繁に下ネタを発信していると、下ネタに興味を持つ人たちが、集まってくるわけです。

下ネタ、悪口は控え、炎上目的と受け取られないよう、注意を払って発信しましょう。

SNSのガイドラインに注意

SNSガイドライン違反の5つのデメリット

SNSにはそれぞれのガイドラインがあります。ガイドラインを守らなかった場合、次のようなデメリットが生じる可能性があり、注意が必要です。

1 ブランドイメージの低下

不適切な投稿や誤った情報の拡散などが原因で、企業のブランドイメージが損なわれる可能性があります。

2　法的トラブル

プライバシーや名誉毀損などの問題が発生し、訴訟問題に発展することも。

3　ユーザーからの不信感

SNSはお客様とのコミュニケーションにも利用されることが多く、**ガイドライン違反が多くなると、顧客の信頼を失ってしまう可能性があります。**

4　社員のモラル低下

社員の不適切な投稿で批判を浴びると、モラルの低下を招く可能性も。

5　SNSアカウントの停止

ガイドライン違反によって、アカウントが停止される可能性もあり、停止になるとSNS活動ができなくなってしまいます。

「SNS運用の外注」の方法も知っておこう

SNS運用を外注してしまうのも、ひとつの選択肢

会社としてSNSに取り組みたいけれども、なかなか時間がとれない、担当者を配置できない、ということもあるでしょう。

そのような場合は、**SNS運用を外注してしまうのも、ひとつの方法**です。

SNSは、それぞれのプラットフォームごとにやるべきことが異なり、機能が追加される、アルゴリズムが変わる、といった変化があるため、ついていけなくなることもあります。

そこで、ＳＮＳ運用を外注する場合に知っておくべきことを、お話ししておきます。

ＳＮＳ運用の外注で依頼できる業務は、大きく分けて６つ

①ＳＮＳマーケティングの戦略立案

ＳＮＳ運用には、市場調査やペルソナの設定、ベンチマークを決めてＰＤＣＡを実行していくことなどの、マーケティング戦略が必要です。

統一感のある、信頼できるアカウントにするための幅広い作業を、外注することができます。

②コンテンツの企画・制作

ＳＮＳでもっとも重要な「コンテンツ」は、ユーザーが求めていることを把握したうえで企画・制作していく必要があります。

おもしろい投稿をしても、悪い印象を与えてしまっては意味がありません。

自社だけでは客観的に考えられない場合は、企画を外注することで魅力的なコンテンツを制作できる可能性が広がります。

③編集・投稿

動画の編集や、制作したコンテンツの投稿も、外注が可能です。編集のみの外注化もできますし、利用するＳＮＳアカウントで決まった時間に投稿することも外注できます。

④コメントやいいね

ユーザーと信頼を構築できなければ、ＳＮＳ発信の目的にはつながりません。そこで重視されるのが、いいねやコメントへの返信です。フォロワー数が増えると、コメントへの返信に相当な時間がかかってしまいます。ときにはネガティブなコメントが入る場合もあるでしょう。

コメントに対して、ポジティブな印象を与える返信ができれば、企業の信

頼度は上がるはずです。返信の外注は、コメントのやりとりが増えてきたタイミングで頼んでもいいのかもしれません。

⑤分析レポートの作成

いわゆるＳＮＳマーケティングにおいては、データを分析したうえでＰＤＣＡを回すのは大切なことです。

分析レポートの作成を外注し、客観的な意見を取り入れながらデータ分析を行うと、より効率的にＰＤＣＡを回せるでしょう。

⑥ＳＮＳ広告

通常であれば、アカウントが育つまでにそれなりの時間がかかります。

もし、**短期間で成果を出したい場合は、ＳＮＳ広告運用を併用してもいい**でしょう。ＳＮＳ広告については、第6章で詳しくお話しします。

3

SNS発信で採用を成功させるには？

SNSによる採用の成功事例

「タクシー会社っぽくない」と話題

本章と次の第4章では、最近になってニーズが急激に上がっている「SNSによる採用」についてお話しします。

いまは、たくさんの企業がSNSを活用して採用につなげているのです。

まずは、TikTokを使ってバズっている事例を、いくつか紹介します。

地域密着型のタクシー・配送業を行っている、ある会社では、社長や部長などが一生懸命踊ったり企画を立てたりしている動画を投稿しており、アカウントのフォロワー数は20万人を超えています（2023年現在）。

タクシー業界では運転手の高齢化が問題となっているなか、TikTokを活用することで、新卒を多く採用できているようです。

「TikTok×おじさん」で大バズリ

ある警備会社の事例です。

若手人材募集のためにはじめたTikTokは、開始してからたった1年で、人気アカウントに成長しました。

従来の警備会社は平均年齢50代の男性が中心でしたが、TikTokを観た若い女性が応募することも増え、採用に成功しています。

流行っているダンスをはじめとした、既存の人気コンテンツをアレンジして配信しているのが勝因です。

必死に取り組みながらもドジったり、仲良く遊んだりするおじさんたちが、若者には「かわいい」と評判になっているのです。

建築・設備会社の料理動画が大人気

ある建築・設備会社では、社員が社長室で突然料理をはじめる動画が人気です。社長は社員を

「おいおいおいおいおい、何をやっているんだ！」

と諫めながらも、完成した美味しそうな料理の誘惑に負け、笑顔で

「うまーい‼」

と叫ぶ。これがＴｉｋＴｏｋでバズっているのです。

アップされる動画の再生回数やいいね数やコメントの数は、企業のなかでも群を抜いています。社長のキャラクターもあり、

「まだ人材募集をしていますか？」

といった声が、日々若者から寄せられているそうです。

ＳＮＳ発信で、経営者や社員の「人間性」を出すことが、採用においても大切だということがわかりますね。

SNS採用がうまくいかない理由

見る人を楽しませる発想は不可欠

SNSによる採用で一番してはいけないのは、自分たちの視点で求人を考えることです。たとえば、

「自分たちがほしい人材は、こんな人たちです」

といった求人広告のようなことを発信するのは、おすすめできません。

「いかにも求人広告」というものでは、すぐに離脱されてしまいます。

そもそもうまくいっていないSNS運用には、コンセプトや目的が決まっていないものがかなり多く見られます。「誰に届けたいのか」がまったく決まっ

ていなければ、伝わるものも伝わらないでしょう。

見る人を楽しませる発想がないものは、うまくはいきません。

不自然にならないよう、心から楽しんで発信しよう

さらに、「やらせ感」「不自然さ」があるものもNGです。

SNSで伸びている動画に「社長の後ろで踊ってみた」というものがあるのですが、たとえ同じようなことをしても、あまりにもやらされ感や不自然さがあれば、実際にまったく伸びていきません。

社長の決めゼリフがウケている動画もありますが、セリフが棒読みになり、嘘っぽい感じがすれば、共感は生まれません。

やはり、無理にキャラをつくったとしても、厳しいので、より**自然体の姿を出したほうがいい**のではないでしょうか。

例外として、目的のあるキャラ設定ならば、いいのかもしれません。

たとえば、イメージをつけるための服装を身につけている、アイテムを持っている、決めゼリフがある、といったものです。

自分に合っておらず違和感がありすぎるもの、無理をしているものは、いい形では伝わらないものです。**感情は見ている人にも届くものなので、楽しく撮っているものは、自然と楽しさも伝わります**。

動画は情報量が多いので、「素」が出るもの

もしかすると、動画は「その人らしさ」やその人が本当に思っているものが、より伝わるようになっているのかもしれません。

たとえば、あるオーダースーツ会社の女性社長のＴｉｋＴｏｋが非常に伸びているのですが、キレイで素敵なオーダースーツの外見だけでなく、質問をされて答える「想い」や考え方に、その人らしさが表れていて、ファンが激増しています。

わたしたちが企画を立てるときも、できないことはしないようにしています。なぜなら、無理をして発信しても、続かないからです。コンセプトをつくって企画にあげたものでも、できないものは却下したり、自分たちが楽しくできるように変更したりしています。

キャラに合っているものを選び、演じすぎないことが大切なのです。

むしろ、**普段の掛け合いを出すほうが、好感度も高くなります**。

とくに動画は情報量が多く、たくさんのことが伝わるので、「そのまま」の姿が伝わると思っておいたほうがいいでしょう。また、共感ポイントやおもしろさがなければ、知らない人がわざわざ時間を使って観ることはないということも、ぜひ知っておいてください。

宣伝になりすぎる発信、無理なキャラづくりをした発信は、逆に好感度を失う

SNS採用がうまくいかない発信のケース

好感を持たれる話し方をすることも大切

動画を観ている人たちにいい印象を与えるには、「話し方」も大切な要素です。話し方には、育ちや人間性があらわれると言います。

一度身についた話し方を変えることは容易ではありませんが、意識の変化で変えることは可能です。

たとえば、いわゆる「チャラい」話し方は、軽く見えますし、あまりいい印象を与えません。

ただ、チャラくても、「チャラいキャラクター」を印象づけたいのであれば、とことん振り切ってしまうのもひとつの方法です。

TikTokの初期の頃には、「ガラの悪い」話し方、たとえばまくし立てるように怒鳴ることでバズっている人もいました。

人の感性はそれぞれなので、過激なことが好きな人が一定数いるから成り立っていたのかもしれませんが、いまではほとんど出てこなくなっています。

コメント欄を見ると「この人の話し方が好き！」とたくさんコメントが入っている動画も多いものです。**発信者として視聴者から好感を持たれる話し方を、客観的な視点で意識することも大切**です。

モラルを問われる発信は控えよう

いきすぎた動画を投稿して炎上した、というニュースもよく見られます。

企業の品格を保つためにも、モラルが問われるような投稿をして、炎上するようなことは避けなければいけません。

たとえば、**ただバズらせることが目的になってしまい、非常識なことをすれば、ブランディングとしてNG**です。

物を壊したり、乱暴に扱ったりして笑いを取ろうとする動画は、炎上している印象がありますね。

ほかにも、度が過ぎたいじり、たとえば相手が嫌がっていていじめに見えるようなものは、視聴者に悪く伝わってしまいます。

「コメント」にも細心の注意を

気をつけなければいけないのは、発信内容だけではありません。コメントによって、よくない印象を与えてしまうこともあります。

わたしのライブ中に起きた話です。

よく一緒に出演している男性がライブに入ってきたときに、視聴者から誹謗中傷とも思えるコメントがいくつも入ってきたのです。いじめのような言葉が立て続けに入って、場の雰囲気が悪くなってしまいました。

そのときの視聴者の感想で、

「人を傷つけるような発信は、観たくありません」

といったものがありました。

これは、考えさせられる話ですね。発信者が発言や行動に気をつけるのはもちろん大切ですが、視聴者のコメントであっても、**人を不快にさせるほどの誹謗中傷は、いい印象を与えることがありません**。

企業イメージを損なわないよう、細心の注意を払いましょう。

人事採用にTwitterを活用する

Twitterの4つのメリット

人事採用において、SNSのなかでもTwitterが優れている、という意見も根強くあります。

SNSの運用と言うと、フォロワーを増やすことを目的にすることが多いのですが、採用においては、表面的にフォロワーを増やしていてもあまり意味がありません。求職者が自社に興味を持ったときに、より一層興味を持ってもらうことが目的です。

とは言え、まったくフォロワーがいないアカウントでは意味がありません。Ｔｗｉｔｔｅｒであれば、最低でもフォロワー数１０００人は必要です。

採用でＴｗｉｔｔｅｒを使うべき理由のひとつ目は、ＴｉｋＴｏｋには及びませんが、拡散性が強いことがあげられます。

２つ目の理由は、手軽さです。ＳＮＳ運用で非常に重要なのは、コツコツと継続することですが、**Ｔｗｉｔｔｅｒは「文字だけ」ということもあり、手軽さ、継続のしやすさは群を抜いています**。投稿によっては画像を差し込むこともありますが、基本は文字なので、大きな負担にはならないでしょう。

３つ目は、過去の投稿の見やすさです。

求人広告などで自社を発見したとき、求職者はＷｅｂサイトだけでなく、ＳＮＳも調べるでしょう。継続的に投稿されていることを前提として、Ｔｗ ｉｔｔｅｒでは、手軽に簡単に過去の情報を見ることができます。

４つ目の理由は、キャラ設定のしやすさです。

採用活動の一環としてＴｗｉｔｔｅｒを利用する場合、特殊なキャラ設定をする必要はありません。社長や担当者が、ありのままに会社のこと、未来のこと、考えていることなどをツイートしていけばいいのです。

以上のことから、Ｔｗｉｔｔｅｒは人材採用において活用しやすいＳＮＳと言えるでしょう。

もちろん、これからの人材採用において動画の活用は必須です。ＴｉｋＴｏｋやリールなどの動画コンテンツも、要所要所で使う必要があります。

ただ、**採用におけるＳＮＳの活用目的が、自社を発見した求職者がさらに興味を持つための発信だけ、ということであれば、Ｔｗｉｔｔｅｒは適しています。**

人材採用におけるTwitterの活用手順

1 誰が発信するか決める

Twitterを発信する人は大きく分けると、①社長自身 ②人事担当者など ③会社公式アカウントの3つになりますが、最初は「①社長自身のアカウントで発信すること」をおすすめします。

とくに**中小企業であれば、人材採用で重要となるのは社長**だからです。

やはり、社長自身がしっかりと情報を発信し、人間的に魅力を感じてもらうことが一番です。また、担当者だけにすると退職のリスクが生まれますし、会社公式アカウントは個人アカウントと比較してフォロワーが集まりにくいというデメリットがあります。

2　投稿戦略を決める

「投稿戦略」という言葉があります。これは**求職者が求めていることを想像して投稿する**、という意味です。ある程度の方向性を決めて投稿しながら軌道修正していくことを考えておけば、投稿戦略を大きく間違えることはありません。

社長のアカウントであれば、次のような投稿をしてはいかがでしょうか。

・思想や考え方
・普段の会社でのお仕事の様子、社内でのこと
・会社の将来性
・自身の経歴（生い立ちなど）

・趣味や好きなこと、プライベートの話　など

社長や会社に対して興味を持ってもらうことが目的なので、友人とやりとりするように投稿するのがいいでしょう。

3　アカウントをつくる

いま現在、自社のアカウントがある場合でも、基本的には新しくつくることをおすすめします。社長が発信するのなら、社長自身がつくりましょう。いまあるものを使っても、これからの投稿戦略とずれてしまうからです。

4　毎日1〜2ツイートする

投稿する際は、2（投稿戦略）でお話ししたような内容で文章をつくっていけばいいでしょう。最初のうちは慣れていないため、大変に感じるかもしれませんが、1ヵ月も続ければ慣れてきます。**3ヵ月ほど継続すれば、求人広告を出したときの反応が変わってくる**はずです。

5　ツイート歴をつくるため、3ヵ月ほど投稿を継続する

求職者がＳＮＳを見にきたとき、**まったく更新されていないアカウントでは、興味を持ってもらえません**。一方で、ほぼ毎日投稿されているアカウントであれば、過去にさかのぼって見ようという気持ちになるでしょう。そのためにも、しっかりと継続して投稿することが大切なのです。

また、フォロワーを増やすためには、毎日投稿を続けたほうが有利です。

6　フォロワーを1000人にする

採用とフォロワー数に直接的な関係はありませんが、最低でも1000人以上のフォロワーがいないアカウントには発言力（権威性）がありません。

もちろん、目的は採用であり、インフルエンサーになりたいわけではないと考えれば、1万人以上ものフォロワーをつくる必要はありません。

1000人程度なら、しっかりと運用すれば3ヵ月で達成できるでしょう。

採用におけるTwitterの活用手順

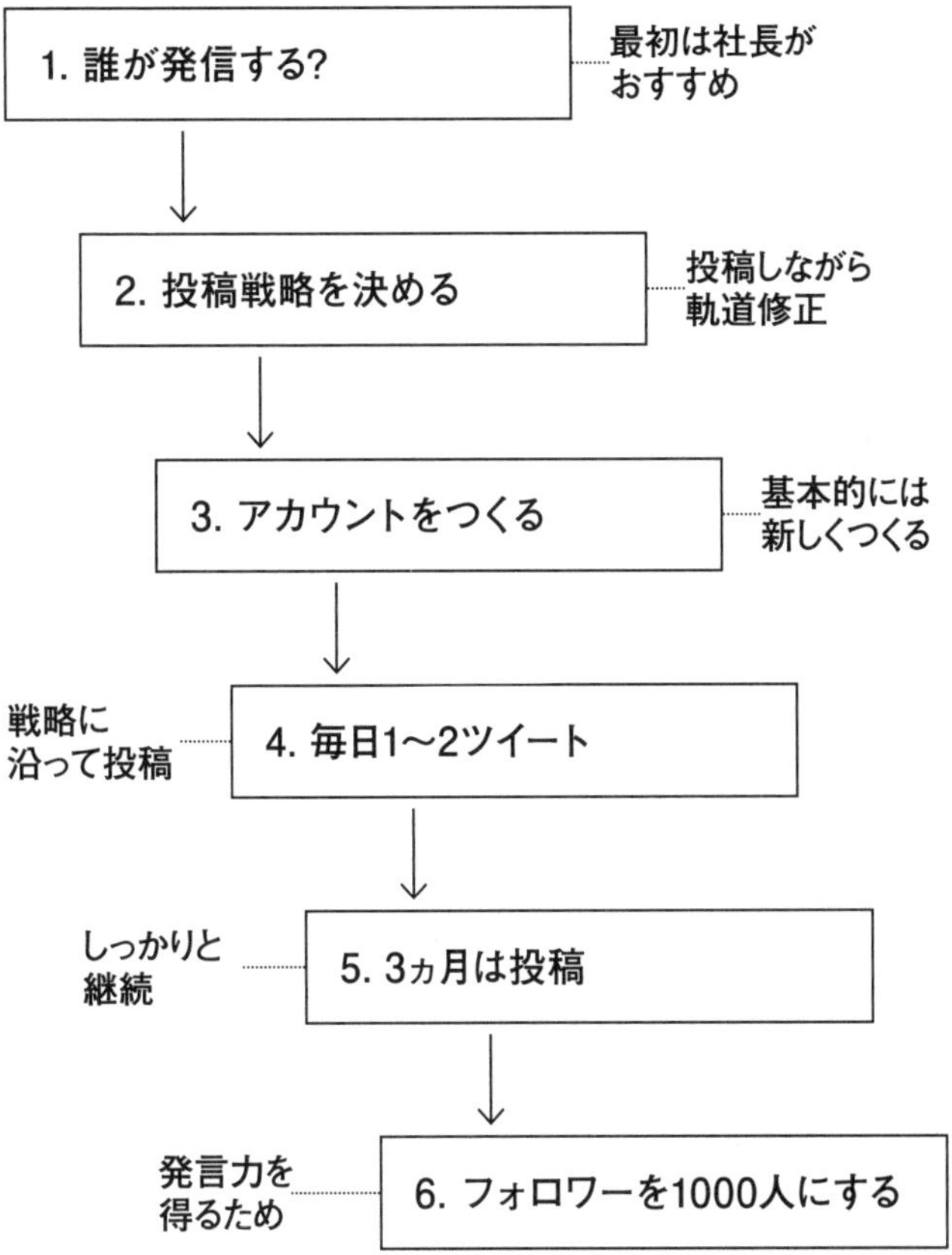
1. 誰が発信する?
最初は社長がおすすめ
2. 投稿戦略を決める
投稿しながら軌道修正
3. アカウントをつくる
基本的には新しくつくる
4. 毎日1～2ツイート
戦略に沿って投稿
5. 3ヵ月は投稿
しっかりと継続
6. フォロワーを1000人にする
発言力を得るため

Twitterのプロフィール、アイコン、ヘッダー画像、固定ツイート

まずはプロフィールをしっかりとつくる

Twitterでフォローされるには、発信した内容やプロフィール、固定ツイートなどに興味を持ってもらう必要があります。

ユーザーから見られるのは、次のものです。

1　ヘッダー画像とアイコン
2　名前
3　プロフィール

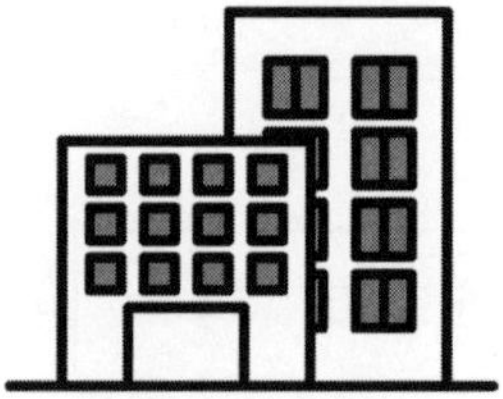

4 フォロワー数
5 Webサイトなど
6 固定ツイートの内容

最初にすべきことは、プロフィールをしっかりとつくること。いい加減なプロフィールにしていると、フォローされなくなってしまいます。

「名前」とユーザー名（ID）

まず、プロフィール上の名前は、「○○@○○○○○」という形が一般的です。@の前に名前を、うしろに「肩書き」もしくは「何をしている人かわかる文字」を入れます。

ユーザー名（ID）は、初期のままではランダムな英数字になっているので、かならず変更しましょう。アカウントをつくったら、検索されやすいようにしておいたほうがいいからです。

なお、IDは基本的に、名前や肩書きと同じものにしておきましょう。IDの変更は、「アカウント情報の変更」から行うことができます。

プロフィールの4要素

Twitterのプロフィールは、①アイコン、②ヘッダー、③プロフィール文章、④Webサイトリンクの4つで構成されています。

①のアイコンと②のヘッダーは、プロに作成してもらうイラスト

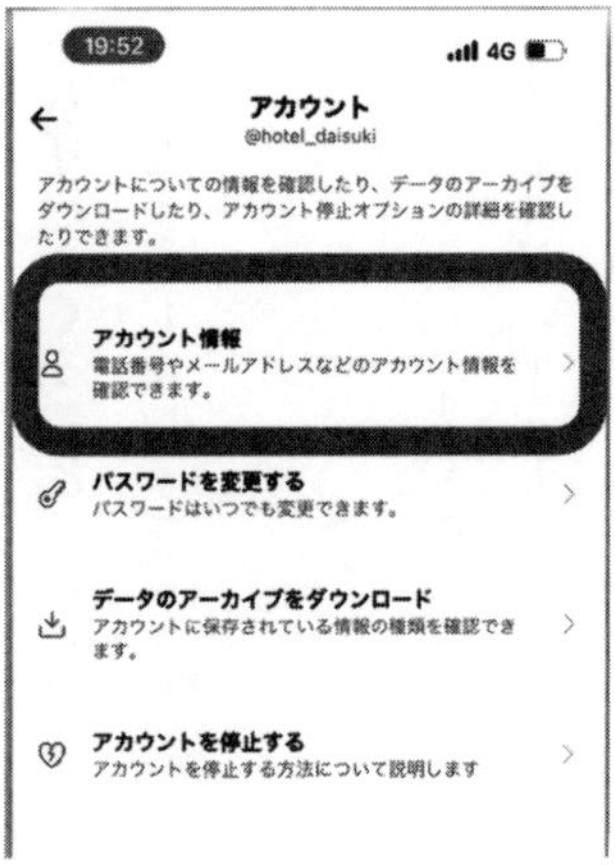

が最適で、**自撮り写真は使わないほうが無難**です。ココナラやクラウドワークスなどで、作成してくれる人を見つけてください。

③プロフィール文章は、箇条書きでわかりやすく、興味を惹く内容にしましょう。

次の項目は押さえてください。

1　何をしているか、どんな得意なことがあるのか
2　その分野をはじめたきっかけや継続年数など
3　その分野でどうしていきたいか、どんな人の役に立ちたいか
4　その分野がどれだけ好きか、得意か
5　または継続したいのか、努力したいのか
6　実績はどうなのか
7　出身や年齢、家族構成や趣味、好きなこと、性格など
8　その他、とくに書きたいこと

④Ｗｅｂサイトリンクには、自社の所在地やホームページＵＲＬを載せます。

プロフィールはしっかりとつくり、ツイートを見た人がフォローしたくなるように配慮しましょう。

固定ツイートをしっかりつくり、フォロワーを増やそう

Ｔｗｉｔｔｅｒを活用するために行ったほうがいいのは、**「渾身の固定ツイート」、つまりそのツイートを見ればだいたいのことが解決するようなものをつくる**ことです。

そして、「固定ツイートを『リツイート』『いいね』『フォロー』してくれたら、あなたの固定ツイートも『リツイート』『いいね』『フォロー』します」といった相互フォローをします。

これは、Ｔｗｉｔｔｅｒの文化としてあるものです。

一般的な固定ツイートは、「なぜ」「何」「どうやって」「いますぐ」という構成でつくるのがおすすめです。

・「なぜ」…このツイートを見るメリット・見ないデメリット
・「何」…これまでの具体的な実績
・「どうやって」…具体的な方法論
・「いますぐ」…「すぐにこれを実行しましょう。悩みがあったらＤＭでご相談ください」と次の行動を促す内容

これらを押さえて書いてみましょう。

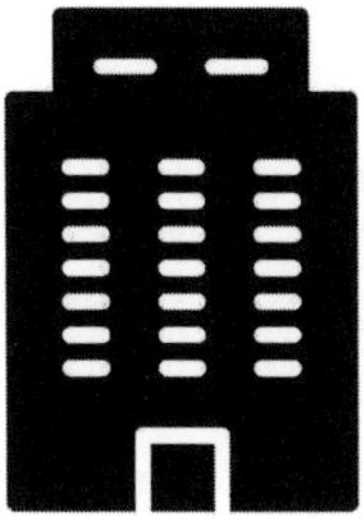

Ｌｉｎｋｅｄｉｎを活用した採用

Ｌｉｎｋｅｄｉｎは日本の採用をも変えると言われている

先述した注目のビジネス用ＳＮＳ「Ｌｉｎｋｅｄｉｎ」は、採用でも非常に大きな効果を発揮します。

じつは、Ｌｉｎｋｅｄｉｎ社の収益の半分ほどが、採用機能によるものと言われているのです。

実際、**Ｌｉｎｋｅｄｉｎは、「日本の採用を変える」と言われています**。

ここでは、Ｌｉｎｋｅｄｉｎがいまどのように採用に活用されているのかをご紹介します。

Ｌｉｎｋｅｄｉｎにはハイクラス人材が集まっている

企業の人事・採用担当者は、常にあらゆる人材をくまなく見ることができるわけではありません。優秀な人材や自社に合った人材を見つけるには、「どこで効率的に探すのか」が重要なポイントになってきます。

もし優秀な人材が集まってくる場所があれば、そこで声をかけたほうがずっと効率的ではないでしょうか。その場所が、Ｌｉｎｋｅｄｉｎなのです。

Ｌｉｎｋｅｄｉｎを主に利用しているのは、いわゆるハイクラスと呼ばれる層で、ＩＴ業界やコンサル、金融業界などのユーザーが多数を占めています。積極的に転職を希望しているユーザーはまだ少ないのですが、企業から声がかかれば耳を傾ける人は多いようです。

まだＬｉｎｋｅｄｉｎに登録している日本人は少ない分、Ｌｉｎｋｅｄｉｎよりもずっと登録者数が多い転職サイトを使ったほうがいいのではないか、と思われるかもしれません。
でも、重要なのは登録者の数ではなく、質です。Ｌｉｎｋｅｄｉｎのユーザーは高い知的好奇心を持ち、行動力のある人が多いので、質が高く、採用候補者を探す場としては適しているのです。

実際に、一部の大企業ではＬｉｎｋｅｄｉｎを使った採用活動をはじめており、とくに転職市場で見つけることが難しいＩＴ分野で高い技術を持つ人材や、会社のビジョンにフィットする人材を求めている企業が、Ｌｉｎｋｅｄｉｎに目をつけている傾向があります。

「Linkedin Recruiter」を知ろう

マッチする候補者にアプローチできるLinkedin Recruiter

ここでは、Linkedinでの採用機能の概略について解説します。

Linkedinには、**「Linkedin Recruiter」というダイレクトソーシングの機能**があり、対象者と直接コミュニケーションをとりやすくなっています。

世界で8億人近くが利用しているSNSであるという特性を活かし、**企業にマッチする候補者にダイレクトにアプローチできるのが、Linkedi** nRecruiterというツールなのです。

採用をする際は、一般的なユーザーがつくっている個人アカウントとは別に、LinkedinRecruiterでアカウントを作成します。

通常のLinkedinとは別システムであり、人事採用向けに成り立っていると考えていいでしょう。

LinkedinRecruiterでは、基本的には「プロジェクト」というところに今回採用したい職種、たとえば「営業」「事務」といったタイトルや、仕事の詳細を入力します。

そして、勤務地や採用したいレベル（新卒、中途、ディレクターなど）も入力します。

必要な箇所を入力すれば、条件に合う候補者が表示され、その人たちにアプローチをしていく、という流れです。

求職者側のLinkedinの使い方

スカウトしたい人へのコンタクトは、基本的には会社側から行いますが、求職者側もLinkedinで企業を探すことができます。

Linkedinのユーザーは、ホーム画面の「求人」というタブをクリックすると、画面の下のほうにある「おすすめ」という欄に求人がランダムに出てくる形になります。

つまり、「求人」というタブを選択すると、いま募集をしている会社の求人情報が出てきて、ここから仕事を探すというイメージです。

ユーザー側は、自分がいま探している仕事を設定することによって、表示される会社の条件を登録することができます。

ホーム画面の「あなた」というタブでプロフィールを開き、「興味のある項目」で「新しい仕事を探す」を選択すると、どのような仕事に興味があるのか、リモートがいいのかオフィス勤務がいいのか、希望する勤務地はどこか、といった設定ができます。

この情報をプロフィールに追加すると、求人の条件と合致する会社が「おすすめ」に表示されるようになるのです。

もちろん、詳細な登録をしなくても、ユーザーのプロフィールをベースに「おすすめ」が表示されます。おすすめに表示されると、募集先を

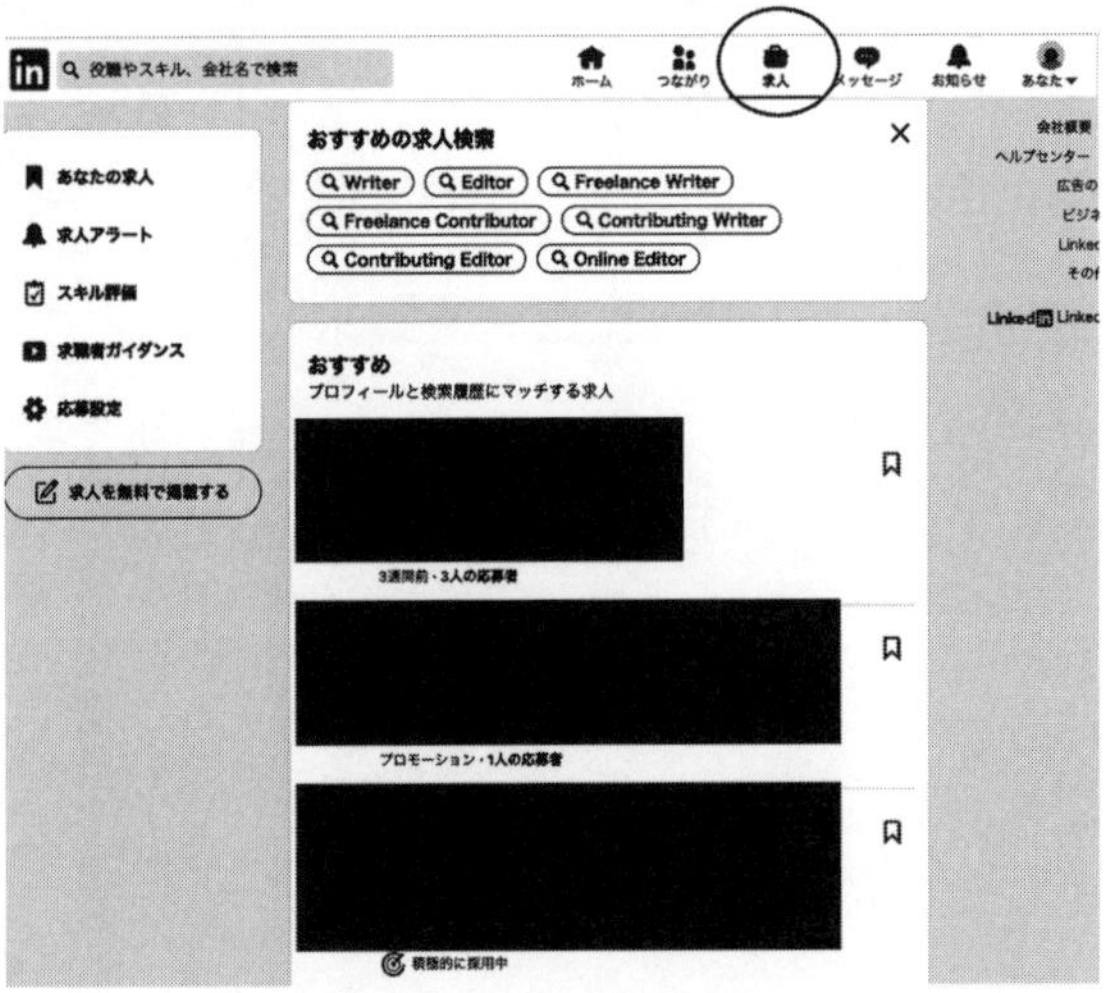

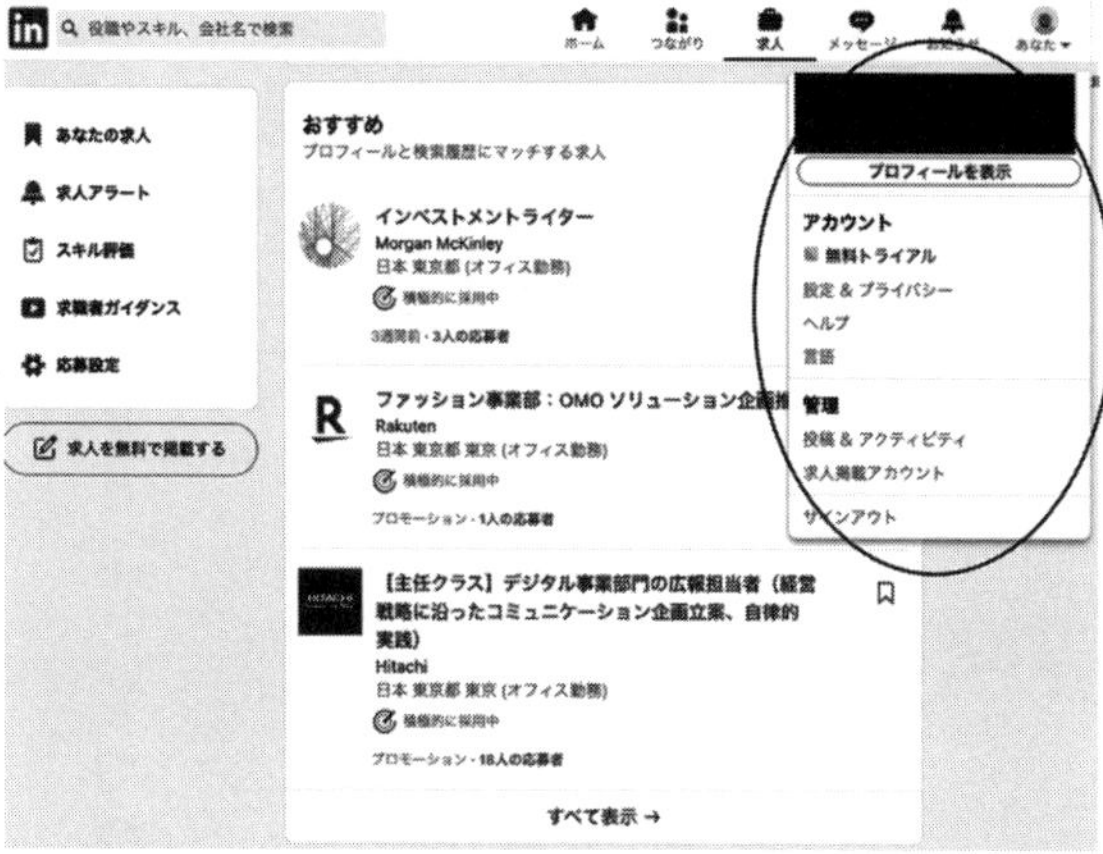
ホーム
つながり
求人
あなた
あなたの求人
求人アラート
スキル評価
求職者ガイダンス
応募設定
求人を無料で掲載する
おすすめ
プロフィールと検索履歴にマッチする求人
インベストメントライター
Morgan McKinley
日本 東京都 (オフィス勤務)
積極的に採用中
3週間前・3人の応募者
ファッション事業部：OMO ソリューション企画推
Rakuten
日本 東京都 東京 (オフィス勤務)
積極的に採用中
プロモーション・1人の応募者
【主任クラス】デジタル事業部門の広報担当者（経営戦略に沿ったコミュニケーション企画立案、自律的実践）
Hitachi
日本 東京都 東京 (オフィス勤務)
積極的に採用中
プロモーション・18人の応募者
すべて表示 →
[redacted]
プロフィールを表示
アカウント
無料トライアル
設定 & プライバシー
ヘルプ
言語
管理
投稿 & アクティビティ
求人掲載アカウント
サインアウト

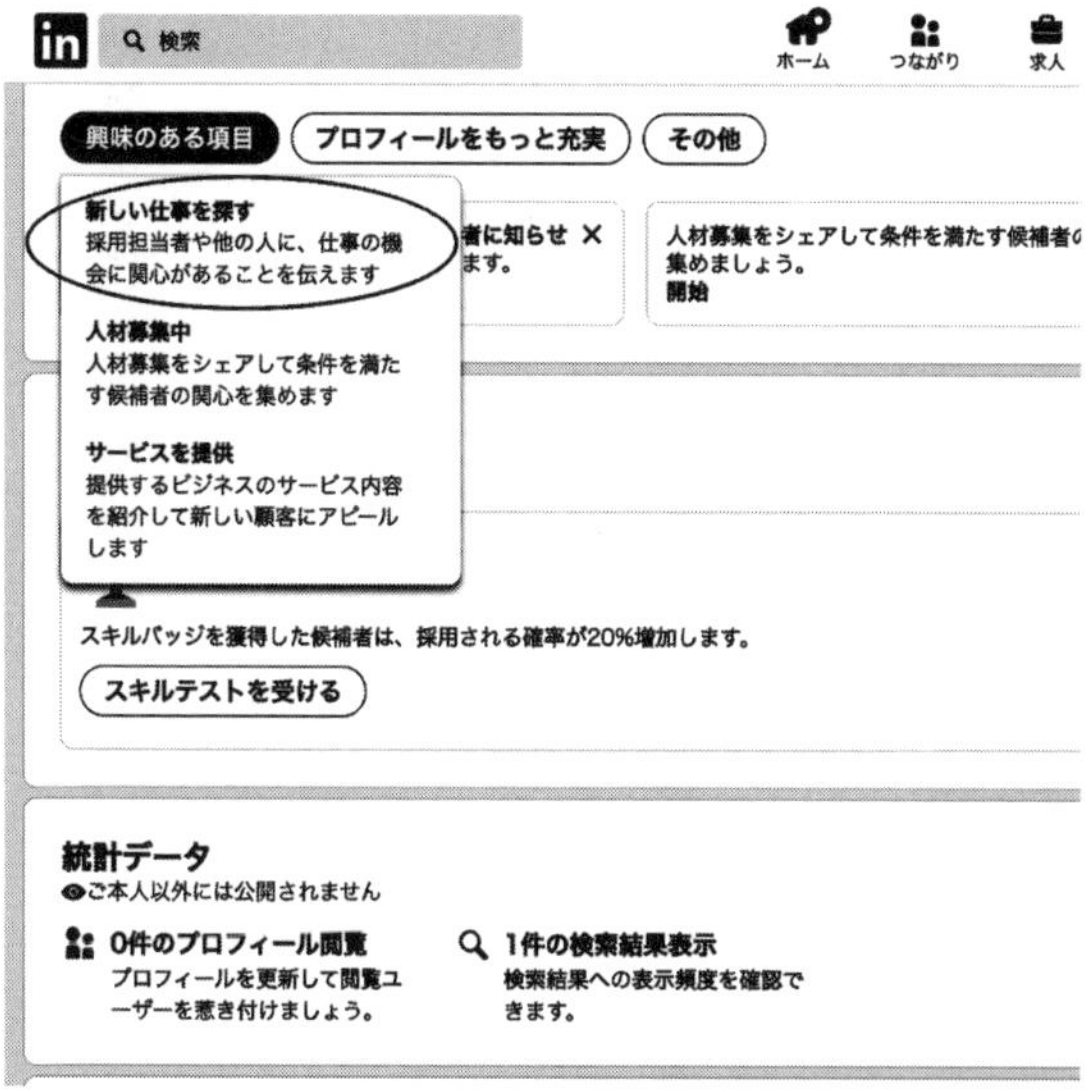
検索
ホーム
つながり
求人
興味のある項目
プロフィールをもっと充実
その他
新しい仕事を探す
採用担当者や他の人に、仕事の機会に関心があることを伝えます
人材募集中
人材募集をシェアして条件を満たす候補者の関心を集めます
サービスを提供
提供するビジネスのサービス内容を紹介して新しい顧客にアピールします
者に知らせ
ます。
人材募集をシェアして条件を満たす候補者の
集めましょう。
開始
スキルバッジを獲得した候補者は、採用される確率が20%増加します。
スキルテストを受ける
統計データ
ご本人以外には公開されません
0件のプロフィール閲覧
プロフィールを更新して閲覧ユーザーを惹き付けましょう。
1件の検索結果表示
検索結果への表示頻度を確認できます。

探しているる求職者が応募してくることもあります。

Ｌｉｎｋｅｄｉｎでの採用は大きな可能性を秘めている

Ｌｉｎｋｅｄｉｎ Ｒｅｃｒｕｉｔｅｒは無料ではなく、お試し版の「リクルーターＬｉｔｅ」、もしくは法人契約が必要になります。法人契約の金額は非公開ですが、日本の採用媒体を利用するよりはリーズナブルなようです。

DMを送ったときの返信率は高く、Ｌｉｎｋｅｄｉｎ Ｒｅｃｒｕｉｔｅｒは15％程度。アメリカでは30％もの返信率とのデータもあります。

Ｌｉｎｋｅｄｉｎを使っている日本人は、海外の情報に知見のある人たちです。いまは外資系企業がメインで使っている媒体なので、たとえば留学先でＬｉｎｋｅｄｉｎの存在を知り、現地でインターンシップを行い、帰国している人たちが多くなっています。

グローバルに活動している人、ハイクラスの人が多いため、求人サイトに登録していないハイクラスの人たちの採用につながる可能性もあります。

今後は、企業側も求職者側もお互いが歩み寄っていく必要がある媒体でしょう。日系の企業もユーザーもほぼこのＳＮＳの存在を知らないため、普及のポイントは、お互いがＬｉｎｋｅｄｉｎの存在を認識すること。

ひとつ言えることは、かなりの可能性を秘めている、ということです。

中小企業がはじめるなら、まずはＬｉｎｋｅｄｉｎおよびＬｉｎｋｅｄｉｎ Ｒｅｃｒｕｉｔｅｒのアカウントをつくりましょう。

Ｌｉｎｋｅｄｉｎ本体の企業ページに少しでも情報があったほうが信頼性も増すので、**プロフィールはしっかりと登録する必要があります**。

Ｌｉｎｋｅｄｉｎにこのような機能があることを知らない日本人ユーザーも、多いのではないでしょうか。

Linkedin Recruiterを使いこなせるようになると、非常に可能性が広がることは、間違いありません。

Recruiter LiteとRecruiter Corporateの比較表

項目／契約	Recruiter Lite	Recruiter Corporate（法人企業向け）
契約期間	月単位、もしくは年単位	年単位
金額	$170/月または$1,680/年	「セールスチームに問い合わせてください」とのこと
スカウト方法	3次のつながりまで	ネットワーク全体へのアクセスが可能
月に使用できるメッセージ数	30通まで	150通まで
文字列検索	○	○
語学力検索	×	○
メールテンプレート機能	○	○
スポットライト検索（候補者の検索）	×	○
メッセージの一括送信機能	×	○（一度に最大25件）
Linkedin社のサポート	×	○

4

「ショート動画」で採用を活性化させる

人事採用にＴｉｋＴｏｋなどのショート動画が効果的な理由

７割近い就活生がＴｉｋＴｏｋを通じてエントリーしている

ある調査によれば、「Ｚ世代（概ね１９９０年代中盤から２０００年代終盤、または２０１０年代序盤までに生まれた世代）」の就活生の81％が、ＴｉｋＴｏｋで企業の動画を観たことがあるとのことです。

そして、そのなかの80％の就活生が、

「ＴｉｋＴｏｋ動画がきっかけでその企業に興味を持った」

と答えています。

さらに、興味を持ったなかの66%が、

「企業に実際にエントリーした」

と答えているのです。

つまり、**TikTokを通して、7割近い学生・就活生がエントリーしている**ことになります。

現代の就活生は動画をきっかけに企業へ興味を持つ

就活生がTikTokで観た企業に興味を持った理由には、

・企業イメージをつかめたため
・企業の世界観をつかめたため
・簡潔に企業の魅力をつかめたため
・短い動画で最後まで視聴できたため
・働いている様子が動画でわかりやすいため

といったものがありました。

この回答結果からも、**Ｚ世代の就活生がＴｉｋＴｏｋでも企業の情報収集を行っていること、動画をきっかけに企業に興味を持っている**ことがわかるのではないでしょうか。

これから就職する世代に対して求人の応募を促すには、ＴｉｋＴｏｋでの情報発信も有効なのです。

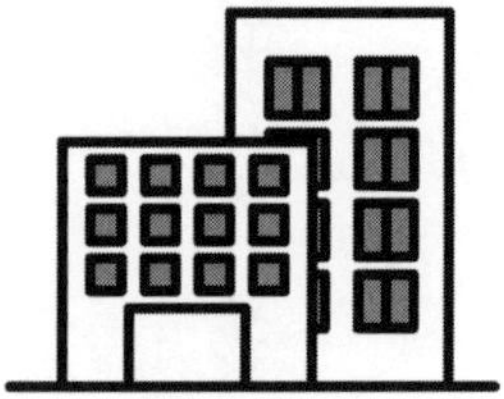

ショート動画に力を入れれば おのずと採用活動も強化される

ショート動画は自分で制作できる

アプリを使えば誰でも動画編集が可能

動画を作成し、発信することに対して、ハードルが高いと考えている人も多いのかもしれません。

「いっそのこと、外注してしまったほうが……」

と考える人もいるでしょう。

でも、**TikTokやリールの動画編集は、かなり簡単**です。20代の人たちなら、簡単にできるでしょう。わたしの20代の娘は動画編集をしたことがまったくなかったのですが、ＣａｐＣｕｔというアプリを使ってみたところ、1本30分ほどでできるようになりました。

ＣａｐＣｕｔなどの**編集アプリでつくった動画は、ＴｉｋＴｏｋにもリールにも、そしてＦａｃｅｂｏｏｋなどにも投稿することができます**。

ですから、外注するのもありですが、社内で編集ができるようにしておくことをおすすめします。

社内の20代のメンバーにやってもらうのも有効でしょう。

日々驚かされるのは、20代の人たちの情報収集能力です。

自分で調べて、すぐに習得してしまいます。

子どもの頃からスマホが身近にあった分、調べる能力や情報収集力が40代以上の層とは違うなと感じます。

企画にしても、

「切り口を変えて、違う企画を考えてみよう」

「こっちのほうが、よくない？」

と言い合いながら、スピーディーに調べてくれるうえ、わたしたちが思いつかないような発想で情報をとりに行きます。この力を借りない手はありません。


動画は20代の人たちの能力を活用しながら、社内で制作していくことをおすすめします。

TikTokを使って採用につなげるポイント

コンセプト設定(バズるための戦略)にこだわる

そもそも、TikTokから採用につなげるには、まず多くの人に自社を知ってもらうという必要があります。

いまやTikTokは、誰でも簡単に配信できるSNSプラットフォームとして認知されています。

ところが、ただ動画を載せてもバズることはありません。

キャラづくり・コンセプト設定をしっかり定めていくことが求められるのです。

キャラづくりといっても、決めなければいけないことはたくさんあります。

たとえば、

・配信内容
・ネーミング
・キャッチフレーズ
・話し方

といったことです。

ＴｉｋＴｏｋの構造を理解しておく

ＳＮＳにはそれぞれに特徴や特性があり、また、利用者が求めているものも異なります。

つまり、**ＴｉｋＴｏｋでバズるには、ＴｉｋＴｏｋの視聴者が何を求めているのか、どのようなコンテンツが見てもらいやすいのかを知る必要がある**のです。

視聴者が観たくなる動画には、理由があります。

たとえば、

・文字の入れ方
・題名
・ハッシュタグ
・使用する音楽

といった要素も大きいのです。

この点をしっかりと学んでいる人とそうでない人とでは、成果につながるまでに大きな差が生まれるのです。

ＴｉｋＴｏｋを採用に使っている企業の３分類

ＴｉｋＴｏｋ採用はまだブルーオーシャン

すでにお話しした通り、ＴｉｋＴｏｋは採用に大きな効果を発揮します。とは言え、ただ漫然とショート動画をつくり、発信するだけでは、結果がともないません。

ここでは、ＴｉｋＴｏｋのコンセプトをつくる手順についてお話しします。

ＴｉｋＴｏｋの企業アカウントには、自社商品のアピールはもちろん、採用を目的としたものも少なくありません。実際にＴｉｋＴｏｋで採用に成功しているアカウントも出てきましたが、まだまだブルーオーシャンです。**これから、採用に成功するTikTokアカウントが一気に増えていく**でしょう。

採用向けの企業アカウントは、大きく分けて

①会社名のアカウント
②個人がメインのアカウント
③コンセプトを持ったアカウント

の3つに分類できます。

①会社名のアカウント

採用の3分類ではこれがもっとも多く、会社名の公式アカウントのような位置づけで、「○○社　新卒採用」「【採用ページ】○○社」といったアカウント名になっています。「社名×採用」というコンセプトは、わかりやすいのです。

この分類のアカウントのメリットは、会社のPRをしても違和感がないことです。

一方でデメリットは、大衆に向けた発信にはならず、会社のファンにならなければフォローをしてもらえないことです。実際に、フォロワー数は1000人前後で、数を伸ばしにくくなっています。

主に大企業が、炎上を避けるためにこの形をとっていることが多く見られるので、中小企業ならば、基本的には②か③がメインになるでしょう。

②個人がメインのアカウント

これは、「社長シリーズ」などの、割と流行っているコンテンツです。「キャラ立ちしている社長や社員」を前面に出しているアカウントと言えます。

ある程度アカウントが育ってから、「一緒に働きたい人、募集！」といった採用に関する動画を出す会社も見られます。

このアカウントのメリットは、通常のTikTokerと同じような投稿が可能であり、個人にファンをつけられることです。「こんな社長のところで働きたい」と思ってもらいやすく、会社のブランディングにもなるでしょう。

一方でデメリットは、企業PRや採用目的のアカウントと認知されにくく、実際に申し込みが入るまでに時間を要することです。また、社員を前面に出す場合には、退職のリスクがあることもデメリットでしょう。

ちなみにフォロワー数は、多ければ数十万人に達するので、①と比べて桁違いです。TikTokはフォロワーが1000名を超えなければ、「採用はこちら」といったリンクをプロフィール欄に貼れないので、フォロワーを増やすことも大切なのです。

③コンセプトを持ったアカウント

これは、ドラマやコント、ドッキリなど、社長や社員が数人で出演し、おもしろいコンテンツを投稿していくアカウントです。

メリットは、数人でおもしろい掛け合いをするなど、企画の幅をかなり広く持てること。

デメリットは、「おもしろい」に振り切る部分が多くなるため、宣伝やPRなどのタイミングを慎重に見極める必要があることです。


社内にキャラ立ちしている人がいなかったとしても、企画やコンセプトによっておもしろくできるため、つくりやすい側面はあります。

フォロワーが1万人を超えているアカウントも、多くなっています。


これらの3種類のカテゴリーは、一概にどれがいい、というものではなく、まずは「こういうパターンがある」と認識していただければ十分です。

企業のTikTok採用の3分類

①会社名のアカウント

→「○○社 新卒採用」
「〔採用ページ〕○○社」

＜メリット＞
PRをしても違和感がない

＜デメリット＞
フォロワーが増えにくい

②個人がメインのアカウント

→その人ならではの発信
「社長シリーズ」など

＜メリット＞
個人にファンをつけることができる

＜デメリット＞
その人が出演できなくなると終わり。社員出演の場合（退職のリスクも）

③コンセプトを持ったアカウント

→掛け合いやドッキリ企画など、数名が出演しおもしろいコンテンツを投下

＜メリット＞
企画の幅を広く持てる

＜デメリット＞
宣伝のタイミングを見極める必要あり

ＴｉｋＴｏｋ採用アカウントが伸びない事例

「冒頭の２秒」でつかめなければ、伸びない

ＴｉｋＴｏｋの採用アカウントにも、伸びているケースと伸びていないケースがあります。

ほかのＳＮＳと共通する部分も多いのですが、改めてお話しします。

まず、直接的な宣伝や告知になっているものは、基本的に伸びにくいものです。**採用のターゲットとなる20代の若者たちにリーチしていきたいのであれば、その人たちが興味を持つ打ち出し方、共感が生まれる打ち出し方をし**

なければなりません。

やはり、ターゲットと目的が明確でなければ、大きくぶれてしまうのです。

うまくいっていないケースで多いのは、

・「とりあえずTikTokをやってみよう」と思ってはじめただけ
・コンセプトの統一性がない
・誰に向けたものかがわかっていない
・無理をしている

といったものです。

TikTokの特徴として、**冒頭の2秒**でつかめなければ、スワイプの手を止める発信にはならないことを認識しましょう。

有効な発信は、自社の棚卸しから

棚卸しすべき項目

ＴｉｋＴｏｋに限らずすべてのＳＮＳに共通しますが、**ターゲットに届く発信をするには、自社の棚卸しが必要**です。

その際に洗い出したほうがいいことを、ご紹介します。

〈会社について〉

・事業内容

・会社の理念

・事業としてのアピールポイント
・事業のターゲット

〈採用について〉
・どんな人を採用したいか？（人材のペルソナ）
・業務内容にはどんなものがあるか？
・任せる業務内容は何か？
・どんな能力が必要か？

〈働き方について〉
・誰がどんなことをしているか
・会社のカラー
・会社としてプッシュしたいポイント

1/30 ヒアリングメモ

【会社について】
○SNSマーケティング認定プログラムを受講すると、大阪府の認定証がもらえる
○元TVディレクターの講師がいる、日本で一番セミナーを実施している会社
○ターゲットは年商1億円程度のひとりオーナーなど（年商）1億円以下
今後は企業向けに、年商10億円以上、従業員100名以上をターゲットに
○理念：「次世代に希望を与える」

【採用について】
○法人営業、SNSコンサルをしたい20代
○ペルソナ
●20代前半：女性、SNSが好き or 30代：男性
●何らかの発信した経験があり SNS慣れしている明るくて元気な人

【働き方について】
○業務内容
ToDoの整理、企業関連、セミナーへの登壇
<会社のカラー・雰囲気>
●次世代に希望を与えられる
●SNSネイティブが活躍できる
●何でも言いやすい、仲がいい

【その他】
○目指す方向性：再現性のあるアカウント
○出演者（20代女性役員）
●20代が活躍できる、40代の人に気づきを与える方向性
○目標とするKPI
●採用の費用対効果が高い、仲間が来てくれる
※150万/人が、一般的な採用コスト
5名採用できることを目標にしたい

・職場の雰囲気

〈その他〉
・目指すＳＮＳの方向性
・目標のＫＰＩ
・ＮＧ事項
・毎動画に入れたいフレーズ

棚卸し結果の例

具体的な例として、わたしたち「大人のインフルエンサー協会」の棚卸し結果を公開します。

まずは前の項でお話しした分類で、わたしたちは「③コンセプトを持ったアカウント」

【コンセプト】
ジェネレーションギャップを埋める
✓働き方の違い
✓知っている単語の違い
✓文化の違い
✓流行ったものの違い
✓話し方の違い
などなど、年代の違いで生まれているさまざまなギャップを埋める。

【目的】
年齢によるギャップを活かしたTikTok投稿をすることで、
これから採用したい20代の人たちに「共感」を求める。

【視聴者のイメージ】
●20代女性役員のような働き方をしたい
●秋山さんのような上司がいる会社で働いてみたい
●こんな業務なら「得意」で、自分も「好きになれる」かもしれないを選びました。そして、この棚卸しによって、「Z世代会社役員・みくるの日常」ということで、46歳のわたしと23歳の女性役員のジェネレーションギャップを打ち出すことにしたのです。

そして、**共感を呼び、採用の問合せを増加させる**ために、コンセプトと目的、視聴者のイメージをまとめました。

それをもとに考えた企画が、下の通りです。

その後台本をつくり、撮影に入っていきます。

ここまでの一連の流れが、TikTok

企画:ジェネレーションギャップを活かした投稿で共感を呼び、採用の問合せを増加させる

以下のなかから方向性を絞り、15～20本のネタを投稿。

①入れ替わり
秋山と女性役員が入れ替わり、その状態で業務を行う。

②転生系(過去に戻る)
秋山が新入社員に転生。昔の働き方との違いをアピール。

③ネタ系
インスタのリールに近いイメージ。ふざける部下を許す優しい社長を打ち出す。

④単語
ジェネレーションギャップに関わる単語の掛け合いをする。

⑤求人
有益な情報に求人を組み込ませる構成で、広告風の動画にする。

⑥ジェネレーションギャップを活かしたすれ違いアンジャッシュのコントのようなイメージ。

で採用のスタートを切るまでの実例です。

「年間5人、若い人たちを採用する」という成果を最短で出すために、このような取り組みをしているのです。

年齢のギャップを活かしたＴｉｋＴｏｋ動画で、採用したい20代の人たちに「共感」してもらい、女性役員のような働き方をしたい、こんな上司がいる会社で働きたい、と感じてもらえたらと思っています。

そして、「こんな業務なら好きになれるかも」と感じてもらえたら、さらにうれしいことです。

ＴｉｋＴｏｋ採用を成功させるために、ぜひこの一連の流れを参考にしてくださいね。

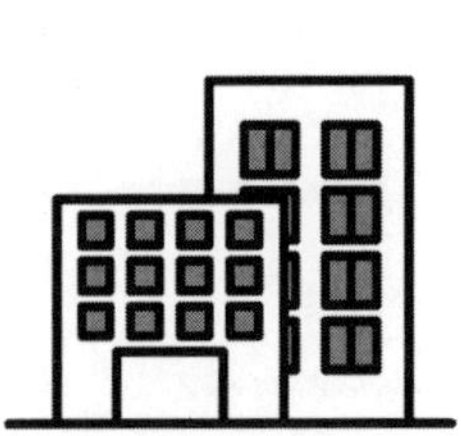

棚卸しした分だけ動画はバズりやすくなる

撮影のための「場づくり」で意識したいこと

「ついで仕事」にならないためには経営者や上司の意識が重要

動画を撮影するときにとても大切なのが、いわゆる「場づくり」です。とくに経営者や上司と部下が共演するような場合、どのような場をつくっていく必要があるのでしょうか。

非常に大切なのは、SNS発信が「ついで仕事」にならないようにすることです。そのためには、経営者や上司の本気度が問われます。

経営者や上司が、「とりあえずやっておこうか」という意識でいると、「ついで仕事」になってしまうでしょう。

SNS発信に本気で取り組み、会社をあげて自社のよい部分や商品、サービスを多くの人に知ってもらおう、といった想いがなければ、いいものをつくることはできませんし、担当者も苦労します。

そして成果があがらずにSNS発信をやめることになると、担当者が離職することにもつながりかねません。

経営者や上司のマインドセットが「場づくり」に反映される

仕事なので、もちろん結果を出すことが大前提です。目標を設定して達成を目指しつつも、**目標を達成できなかったときにも取り組みを評価する、といったわかりやすい行動指標があったほうがいい**のかもしれません。

採用につながったなら評価しやすいのですが、それ以前に、SNSには「アカウントを育てる」といったフェーズもあり、経営者や上司は取り組みについても優先順位を高く考える必要があるのです。

SNSネイティブである20代が持っているノウハウを、きちんと評価することは、企業のSNS運用においてとても重要です。経営者や上司の理解がなければ、そもそもSNSを継続できません。経営者や上司のマインドは大きく「場づくり」にも反映されるものと考えましょう。

SNS発信する本気度が、経営者や上司に問われるのです。

みんなが目的を共有し、すり合わせすることが大切

動画をつくる際には、経営者や上司だけではなく、関わる社員全員で、たとえば「求職者が一緒に働きたいと思うような動画をつくる」といった目的を共有しなければ、ずれたものができあがってしまいます。

そういう意味では、**部下であってもよいものをつくるために、言いたいことをなるべく伝えるべき**です。したくないこと、違和感のあることを無理にしないこと、自分らしく、つくりすぎないことも重要なのです。

わたしと20代の女性役員の掛け合いでは、できあがった台本を見ながら、できる・できないを話し合います。

たとえば、女性役員の「社長、おはようございます」というセリフがあったとき、彼女は普段「社長」とは言わないので、「秋山さん、おはようございます」というふうに変更します。そのほうが普段の関わり方に近い分、自然体の演技ができるからです。

自然体で自分たちのよさや自分たちらしさが出るように、すり合わせをしていくことが大切なのです。

社員、部下の言葉遣いで意識したいこと

つくりすぎないこと、強すぎないことが大事

社長と社員の掛け合いで、社員の言葉遣いがかなりフランクな場合が多く見られます。社長に対する態度をもう少し丁寧にして、敬語をきちんと使わせたほうがいい、と気にする企業もあるかもしれません。

ポイントは、実際の関係性にあるとわたしは考えています。

言葉がフランクな場合、**実際に親近感のある関係性なのか、それが動画でも伝わっているかどうかが大切**ではないでしょうか。

親近感のある関係性を築けているのなら、あえて変える必要はありませんが、わざとつくるのは逆効果になる可能性があるので、注意が必要です。

あまり強めの言葉でいじりすぎると、違和感や無理をしている印象を与えかねませんし、そうなれば、企業イメージにもいい影響を与えないでしょう。

お笑いでツッコミが上品な芸人さんをイメージしてみてください。

敬語は使うけれどおもしろく、というところがポイントと言えます。

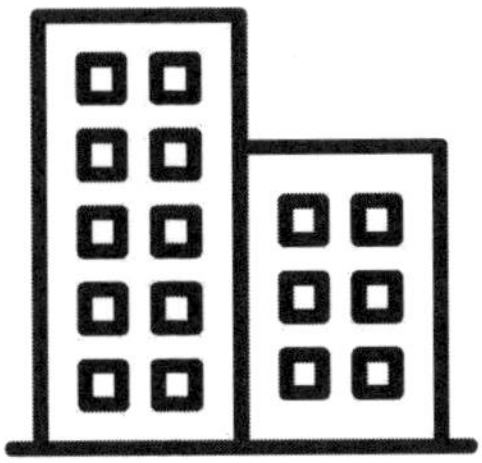

独自性や個性を活かす

人柄や設定でバズるパターンもある

すでにお話しした通り、採用系でバズっている動画には、部下が社長や上司をいじっているパターンが多く見られます。

一方で、社長が部下をいじる場合には、いじめと受け取られないように注意が必要ですが、社長や上司をいじるのなら、「逆いじり」になるので、いろいろなアイデアが考えられるでしょう。

そのひとつのパターンが、「社長に何かを仕掛けてみた」というものです。

一方で、ほとんどの会社が「ホワイト企業」を打ち出して採用を考えるところ、あえて「ブラック企業」に振り切っているパターンもあります。

真逆で意外性を出す方法もある、ということです。

大切なのは、**人柄や楽しさが伝わること**でしょう。

「方言」を打ち出す

全国的に活躍する関西の芸人さんもいるので、関西弁のノリは親しみやすいと言えます。

では、ほかの地域の方言ならどうでしょうか？

方言が入っている女性がいると、親近感がわいて見えることがありますよね。

ひとつ言えるのは、**方言を使うならとことん振り切って話してしまったほうが親近感がわき、個性も出ていい**、ということです。

「エンタメライズ」のすすめ

「説明」ではなく「表現」をする

動画によるSNS発信は、まさに「エンタメ化」が求められるのではないでしょうか。

長年テレビ業界にいた弊社の総合プロデューサー・白附克仁は、最近「エンタメライズ」という造語を使っています。和訳すると、「エンターテインメント化する」という意味になるでしょう。

彼曰く、発信する企業はよいものを持っていても、「説明」になりがちなので、説明を「表現」に変えていく必要がある、とのことです。

大半の人は、学校の勉強や仕事のなかで「説明が大事」と教えられてきました。たとえば、大阪でよくある話ですが、会社の上司に、

「そんなのはええねん。何がどうなって、こうなったのかを説明せい」

と叱られます。

でも、**人の心を動かすのは「説明」ではなく「表現」**です。

たとえば光ったことを伝える場合、「ギラギラ」「キラキラ」「ピカッ」など、そのときの感覚を素直に表現すると、話を聞いた人の頭のスクリーンに映像が浮かび、聞いている人の感情も動くものです。

エンタメ化するには、マインドを変えよう

「1億総タレント時代」となったいま、多くの人が感情を動かす発信をする

ための一番のポイントは、**マインドを変えて、「きちんと説明をしなければいけない」という固定概念を取り去ること**でしょう。テレビなどのエンタメ業界は、「こうしなければいけない」のタガを外すところからはじまるのです。

「テレビは特殊だから…」と思うかもしれませんが、SNSも同じです。考えてみてください。TikTokを観ている人は、ほとんどが暇つぶしであり、勉強しようと思って観る人はいません。

意識の高い人たちは、しっかりと学んでいいコンテンツを生めば、みんなが聞いてくれる、と思いがちです。

ところが、TikTokやテレビは、暇つぶしに観ているだけ。

「ダイエットするには、こうして、こんなことをしましょう」と言われるよりも、「この食材を食べたら、1ヵ月で5キロ痩せます!」と発信したほうが、観てもらいやすいのです。

でも、ただ媚びているだけでは企業の想いが伝わらず、売上にもつながりません。ですから、競争の激しい10％の「意識が高い人たち」を取り合うのではなく、**90％の人たちに向けておもしろいものを発信し、注目を集めていくようなマーケティングが必要**と言えます。

未開の地で靴を履いていない人たちに靴を売るには、靴を履くメリットを教えなければならないので、時間がかかるかもしれません。

ところが、大きな市場がある、という考え方で取り組めば、エンタメ性に富んだ発信によって、多くの人に何かを伝えられるのではないでしょうか。

過度な「いじり」で批判されないための考え方

「いじり」は絶対に笑いが起きる「安全ゾーン」で行おう

ＴｉｋＴｏｋのようなショート動画のＳＮＳでは、「いじり」というコンセプトのものも少なくありません。

最近のお笑いグランプリで優勝する人たちの芸風は、言ってみれば悪口であり、いじりです。支持されるのは、お笑いとしてのニーズがあるからでしょう。つまり、いじりは人気のあるコンセプトと言えます。

ただ、「いじり」と「いじめ」の境界線をどう引くのかは、重要なポイントです。いじめのように見えてしまえば、炎上のリスクがあるからです。

いじりといじめの境界線は、簡単に引けるものではありませんが、**許されて笑いになる最大公約数は、「ほとんどの人が共感できること」**ではないでしょうか。共感が得られない場合は、お笑いの域を超えてしまっているのです。

たとえば、「社長いじり」は基本的に共感を得やすいのですが、その理由は世の中の社長の割合が5％にも満たないからです。社長がいじられているのを観た大半の一般社員が共感できれば、いじりは成立しています。

一方で、部下の女性をいじれば、共感されにくくなります。社長が新入社員の女性に対して怒鳴っていたら、大炎上するでしょう。

基本的に、立場が上の人が下の人をいじってはいけません。そもそも社長や上司が部下をいじっても、おもしろくありませんよね。

演じる人のキャラクターに合わせた発信をしよう

社長いじりは、たくさんの選択肢のなかのひとつです。

社長をいじってみたらキャラクターがよかった、というのは、需要に乗っているだけのように思えます。

もっと考えてみれば、別の企画の出し方があるかもしれません。

ですから、**社内のみんなで社長の何がおもしろいかを考えて、意見を出し合ってもいい**のではないでしょうか。

社長が若いのか、年配なのかによっても、出し方は変わってくるでしょう。若いイケメン社長なら、その路線で出すのもありですし、年配であれば会社の若い女性とのジェネレーションギャップで話が噛み合わない、というおもしろさを出してもいいのです。

もっとも、若い女性が社長をいじる際には、乱暴な言葉を使って反感を買わないようにする配慮が必要です。キレイな女性ではなく、愛嬌のある女性がいじるのなら、ほっこりとした映像になるかもしれません。

シチュエーションによって、見せ方は違ってくるのです。


なお、人気のあるコンテンツを徹底的に真似するのも、ひとつの手です。

ただ、**演じる人が違えば見え方も変わり、１００人いれば１００通りの見え方になる**、ということを忘れないようにしましょう。

同じ企画を取り入れても、社長や社員のキャラクターが異なれば、ウケなくなることは多いからです。

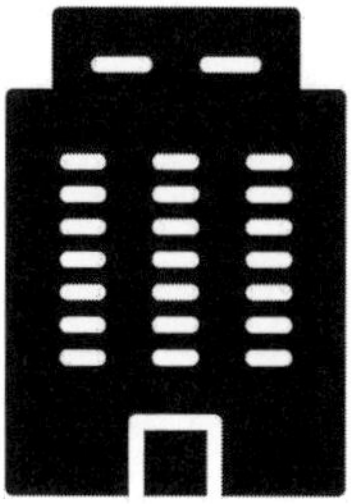

炎上動画を発信しないために

人はカメラを向けられると調子に乗るもの

企業が動画を発信する際に気になるのは、動画によって炎上し、世間の批判を浴びることでしょう。とくに最近は、相次ぐ動画の炎上もあり、世間の目が厳しくなっています。

ところで、なぜ炎上するような行動をしてしまうか、考えたことはありますか?

覚えておきたいのは、**「人はカメラを向けられると調子に乗ってしまう」**

ということです。これが炎上動画が生まれる所以です。

炎上する動画に出ている人たちは、おそらく日常的に批判を浴びるような行動をしているわけではないでしょう。

カメラを向けられたことで、何か爪痕を残そうと思い、おもしろいことをしようとして、空回りしてしまうケースが多いように感じます。

先に紹介した弊社の白附克仁によれば、同じことはテレビの世界でも起こるそうです。タレントさんが何かおもしろいことをしようとして、つい「してはいけない行動」をとるケースも少なくありません。

タレントさんのいきすぎた行動をいかに止めるかが大切なのですが、同じようにSNS発信でいかに炎上を防げばよいのかということについて、解説します。

SNS発信も、社会的な責任を持つ必要がある

プロのタレントさんであっても、カメラを向けられたら、交感神経が活発になって興奮状態になり、前頭葉が麻痺して歯止めが利かなくなります。

じつは、**批判を浴びるか浴びないかのギリギリのラインが、視聴者の求めるものになる**ことが多いのです。

テレビにおいて、タレントさんがラインを越えた行動をした場合、それを止めるのはディレクターです。そして編集担当者がカットをし、プロデューサーが最後に「放送してもいいか、悪いか」をチェックします。

SNS発信で炎上する原因の多くは、自分で撮って自分でアップすること、もしくは、本来チェック機能を果たすべき同席者が煽ってしまうことです。

SNSもメディアなので、本来はテレビと同じように、メディアを持つことにもっと責任を持たなくてはいけません。

SNSで動画を配信して人の目に触れる状態にするということは、それだけ社会的な責任があることなのです。

被写体になった人が変な行動をしたら、止めるか、編集の段階でカットすべきなのですが、その機能が働かなければ、当然ながら批判を浴びてしまいます。

テレビの「チェック機能」を参考にしよう

企業のSNS発信では、炎上を避けながらおもしろいものを出せばいいというわけではなく、売上につながる視点も重要になってきます。

ただ、あまり宣伝に偏ってしまっては、ファンがつきにくいというジレンマに陥ってしまう…。これも、担当者を悩ませる要因ではないでしょうか。

ただ、この問題も、テレビと同じようなチェック機能さえ働けば、解決することができます。

テレビには営業部があり、編成部があり、タレントがいる現場を統括する制作部があります。なぜこのような3段構えになっているかと言うと、宣伝とおもしろさのバランスをとったものを放映するためです。

まず営業部はスポンサーの味方として、売上を上げるためにできるだけ宣伝をしようとします。

でも、視聴者が観たいのは宣伝ではなく、おもしろい番組です。そして制作部にとっては、スポンサーは関係なく、少々いきすぎたことをしなければ視聴率がとれないので、おもしろいことをしようとします。

すると、スポンサーを立てるために営業部から苦情が入り、制作部と揉めることもあります。そこで登場するのが、編成部です。編成部が、

「まあまあ、この商品をここで出して、バランスをとりましょうよ」

と調整することで、スポンサーにもメリットがあり、なおかつおもしろい

ものに落とし込んでいけるのです。これが、テレビのつくり方です。

企業がＳＮＳ発信に本腰を入れるのなら、テレビの考え方を導入してみてほしいのです。

つまり、**おもしろい人間にはおもしろいことをさせる一方で、どうすれば売上につながるかを考える部署をきちんとつくる**。これができれば、ベストでしょう。

ＳＮＳ発信をする際にも、おもしろさと世間からの批判回避のバランスをとるためのチェック機能が働けば、会社のモラルを疑われるような発信を防ぐことができるはずです。

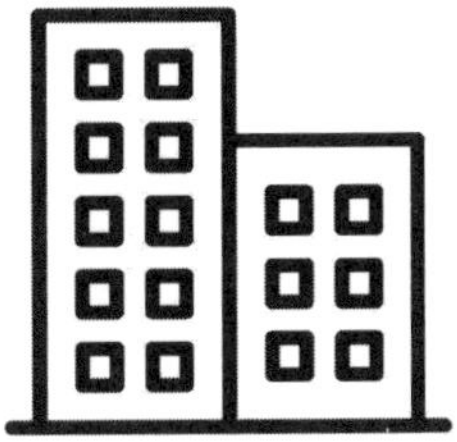

テレビから学ぶ、カメラワークのコツ

まずは、自分の感性と照らし合わせて考えよう

動画撮影は、素人が行うのとプロが行うのとでは、大きな違いがあります。ここですべてをお話しするのは難しいのですが、「テレビ仕込みのカメラワーク」をいくつか紹介したいと思います。

テレビ業界では、いわゆる「グルメレポート」にすべてが詰まっていると言われており、レポーターにとってもディレクターにとっても、登竜門なのだそうです。

食べ物には味があり、香り、見た目、お店の雰囲気、音があります。映像では味や香りを伝えられないので、言葉で伝えるしかありません。ですから、はじめは言葉だけでもいいので、食べるものを美味しく、みんなが食べたいと思うように表現することが、グルメレポートのスタートです。

一方で、視覚や音は映像で伝えられます。

撮り方のコツは、まずは自分の感性に照らし合わせること。

たとえば「すき焼き」の見せ場はどこでしょうか? 卵をつけるときや、出汁のなかでお肉の色が変わっていくところが、ひとつの見せ場でしょう。

では、ラーメンの見せ場はどこかと言えば、湯切りをする場面や、ラーメンが出てくるところかもしれません。

どこが一番美味しそうか、どこに一番自分がドキドキ・ワクワクするか、という見せ場の優先順位を考えて、撮っていくのが大切です。

カメラは「目」の代わりなので、どこから撮れば一番いいのかを考えましょう。お肉がジューッと焼けているときは、真上から撮ったほうが美味しそうに見えるのではないか、角度を変えて赤身が焼けているところを見せたほうがいいのではないかと、考えていく必要があるのです。

人間心理を使用して、「錯覚」させることもできる

もし見せ場がなさそうであれば、「ズームイン」と言って、ゆっくりと寄って見せる方法もあります。人は、無意識のうちに興味があるものへズームインして、興味がなければズームアウトしているものです。

つまり、**ズームインの映像を見せれば、視聴者は「自分が興味を持っている」と錯覚する**わけです。

ほかにも、錯覚を利用したカメラワークがあります。

たとえば、焦っているときは落ち着きがなくなりますよね。

消防車のサイレンが鳴っているときに画像が止まっていれば、とくに心は

動きません。

でも、そこでカメラを揺らせば、臨場感が出て、大変なことが起きている演出ができます。興味を惹きたいときにズームインするのと同じ手法として、**大変なときには画面を揺らす**のがコツです。

ほかには、人を下から撮ると、尊敬されやすくなります。

なぜなら小さい頃、親などの「言うことを聞かなければいけない人」を見上げていたからです。

一方で、見下ろす角度で撮影すれば、かわいいもの、守らなければならない対象である、と思わせることができます。

講座などで登壇する際は、下から撮影したほうがよく、かわいく見せたければ、上から撮影するのがおすすめです。

ここでお話ししたことを参考に、カメラワークを考えてみましょう。

「おもしろい動画」を発信するために

プロの手を借りる、もしくは研修を受けるのも効果的

本章の最後で、ショート動画の発信のまとめを解説します。
とくにショート動画によるSNS発信は、企業にとって非常に有効である一方、演じる人に合った企画を立てなければいけない、炎上を避けなければいけないなど、考慮すべきことが複数あります。

これからSNS発信をはじめる場合、もしくは強化していく場合、企業内に企画・演出・脚本づくりができる人材をつくるか、企画やコンテンツをつ

くってくれる会社に完全に任せてしまう方法が考えられるでしょう。

でも、それでは手間や費用がかかるので、まずは**しかるべきところで研修を受け、社内で人を育ててはいかがでしょうか**。とくにZ世代の人たちが得意とするジャンルですし、率先してその役割を担いたい人もいるでしょう。社内の人材活用にも、効果を発揮するはずです。

テレビの要素を積極的に取り入れよう

いま、「テレビはオワコンだ」と言われていますが、決してそのようなことはありません。テレビがオワコンなのではなく、テレビという「媒体」が終わりかけているだけです。

テレビのなかで行われてきた企画が、いまはSNS動画などに活かされているのです。

実際、ＴｉｋＴｏｋやＹｏｕＴｕｂｅといった動画コンテンツには、テレビから切り抜かれたものがとても多くなっています。

「最近、テレビを観なくなった」と言う人も多いのですが、それはテレビの放送時間に縛られていないだけであり、テレビの「中身」は観ているはずです。

また、テレビ自体は観なくても、ドラマなどの配信サービスは観ているのではないでしょうか。


昭和28年から74年もの間、人が喜ぶ映像をつくり続けてきたテレビの技術は目を見張るものがありますし、そのノウハウは侮れません。お金をかけている分、ＳＮＳ動画よりも高いクオリティを誇っているのです。

テレビの使えるところは取り入れて、多くの人が楽しめる発信をしていきたいですね。

5

SNSをさらに企業で活用する方法

複数のSNSで相乗効果を生む

「TikTok×Instagram」の組み合わせがおすすめ

これまでにもお話しした通り、それぞれのSNSは利用者層などに違いがあり、特徴も異なります。つまり、複数のプラットフォームをうまく活用すれば、相乗効果を生むことができるはずです。

TikTokの特徴は、ほかのSNSとの連携が強いこと。そこでわたしが推奨したいのは、「TikTok×Instagram」の組み合わせです。

具体的には、TikTokで認知を獲得し、Instagramとの連携でさらにファン化させたり、TikTok用につくった動画素材をInstagramのリールにも投稿したりするのです。

TikTokとInstagram両方を使用することで、幅広い属性のユーザーへアプローチすることができるからです。

TikTokもInstagramのリールも縦型動画なので、制作した同じ素材を両方のツールで使うことができる点も、組み合わせを推奨する理由のひとつです。

実際にわたしがサポートさせていただいた企業でも、この組み合わせによって、非常に効率よく成果が出せる流れをつくることができています。

Ｉｎｓｔａｇｒａｍアカウントを育てる

フェーズを意識し、多少時間をかけてステップアップする

ＴｉｋＴｏｋとＩｎｓｔａｇｒａｍを組み合わせていく場合、もしすでにＩｎｓｔａｇｒａｍのフォロワーがたくさんいて、集客や成果につながっているとすれば、同時にショート動画を投稿しても差し支えないでしょう。

でも、フォロワーが多いだけで、成果につながっていないアカウントの場合は、最初からつくり直さなければいけないこともあります。

ビジネスに関係のない、お客様にならない人ばかりがフォローをしている場合などは、これに当てはまります。Ｉｎｓｔａｇｒａｍを改めてはじめる、

もしくははじめたばかりでフォロワーが少ないのなら、まずInstagramアカウントを「育てる」ところからはじめましょう。

ちなみにTikTokは、コンテンツ重視のSNSなので、内容によっては最初の動画でバズることもありますが、**Instagramの場合、フォロワー数が少なければアカウントを育てていく必要がある**のです。

Instagramのフォロワーを増やすには、TikTokに動画を投稿しつつ拡散をはかり、Instagramでも拡散されるように次ページの図の通り第1フェーズから着々とアカウントを育てていきます。これは、最近のInstagram運用で成果が出ている方法です。

第1フェーズ：フォロワー数…0〜500人

具体的には、Instagramの第1フェーズとして「いいね周り」を中心に行います。**第1フェーズの目標は、フォロワー数を500人以上にす**

ることです。

第1フェーズでは、フォロワー数を増やすために、自社とアカウントがよく似たアカウントやアカウントをフォローしている人に「いいね周り」をします。たとえば大阪でエステサロンを経営している人であれば、近辺のエステや美容サロンのアカウントをフォローしている人に対して「いいね」をするのです。それは、自社のアカウントがどのような属性のアカウントと接しているのかをAIに認知させるためでもありますし、

戦略の実行

Instagramアカウント成長

第1フェーズ

0〜500人

アルゴリズムに対して最適な運用を行い、効率的にリーチ獲得を目指していく。

第2フェーズ

500〜1,000人

発見欄に表示されるようになりより多くのユーザーに対して拡散していく。アカウント評価を高めるために第一フェーズ内容の継続。

第3フェーズ

1000人〜

質が高く専門性の高いショートムービー等を継続することでファン化。フォロワーとのコミュニケーションを活性化することによりCVを目指していく。

フォロワーがどんなことに興味を持っているのかを知るリサーチにもなります。

自社のお客様と同類のアカウントに「いいね」をしたり、コメントをしたりすることで、自分のアカウントの特徴を認知させる行動が大切なのです。

【「いいね周り」の仕方】

1　アカウントを探す。キーワードを入れて、ヒットするものから選択

2　自社とコンセプトが近いアカウントを見つける

3　そのアカウントや、フォローやコメントしているユーザーに「いいね」を押す

わたしのアカウントの場合、「#SNSマーケティング」「#TikTok運用」で検索し、同類のアカウントや、そのアカウントをフォローしていている人に「いいね」をしてコミュニケーションをとっていきました。

人間の操作とわかる動きをしよう

Ｉｎｓｔａｇｒａｍは、日によって1日にできる「いいね」の数が異なることがあります。５００件でできなくなる日もあれば、１００件でできなくなる日もあるので、できるところまで行うといいでしょう。

なお、Ｉｎｓｔａｇｒａｍのアルゴリズムは、基本的に視聴が長ければ長いほど「いい」と判断します。一方で、ただ「いいね」を押すだけでは、外部ツールを使っているとみなされる可能性があるため、よくありません。

そのため、**「いいね周り」をする際には、投稿の内容も見て「いいね」を押し**、機械を使って動かしていない、と判断してもらう必要があります。

外部ツールを使っていると判断された場合、ＩｎｓｔａｇｒａｍのＡＩによって弾かれてしまわないように注意が必要です。

そのほかに第1フェーズで行うことは、フィード投稿（ホーム画面に表示される通常の投稿）です。２ヵ月で約30投稿を目指しましょう。

Instagramアカウントを育てる

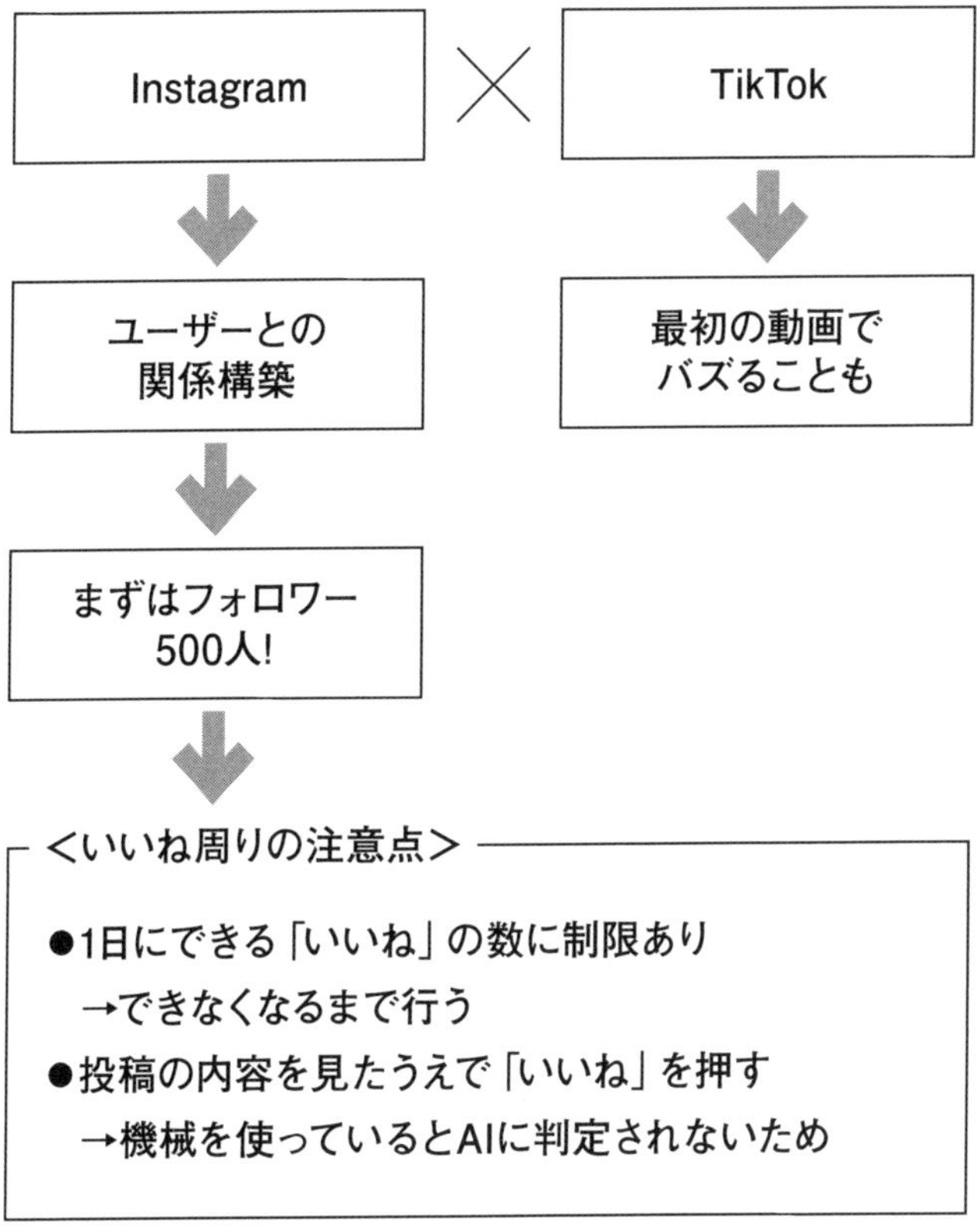
Instagram
TikTok
ユーザーとの関係構築
最初の動画でバズることも
まずはフォロワー500人!
<いいね周りの注意点>
●1日にできる「いいね」の数に制限あり
→できなくなるまで行う
●投稿の内容を見たうえで「いいね」を押す
→機械を使っているとAIに判定されないため

2ヵ月で30のフィード投稿を目指そう!!

Ｉｎｓｔａｇｒａｍアカウントをさらに育てる

「いいね」を押してもらえる投稿をしよう

Ｉｎｓｔａｇｒａｍで拡散するために「いいね周り」をしてコミュニケーションをとっても、読みたくなるようなフィード投稿をしておかなければ、ほとんど意味がありません。

フィード投稿が「いいね」を押してもいいと思われる内容であり、何を発信しているアカウントなのかが明確でなければ、周囲から興味を持って「いいね」を押してもらえないからです。

これはTikTokで言うところの「冒頭の2秒」に当たります。興味づけが大切なので、デザイン性も重要な要素なのです。

ここが、Instagramの肝と言える部分です。**たくさんの投稿で飽和状態のなか、目を引くデザインの投稿をアップすることはとても大切**と言えます。世界観を統一し、内容がわかりやすい投稿を意識しましょう。

同じようなテーマで発信しているアカウントと「いいね」を押し合い、同業者や興味がある人たちとのやりとりが発生すると、Instagramを管理するAIが「いいアカウント」だと判断してくれるでしょう。

なお、アカウントが伸びる方法のひとつが他ユーザーの滞在時間を増やすための、カルーセル投稿（ひとつの投稿に複数の画像を投稿すること）です。カルーセル投稿をアップすることで、滞在時間が延びることを知っておきましょう。

第2フェーズ：フォロワー数…500〜1000人、第3フェーズ：フォロワー数…1000人〜

フォロワー数が500人以上の第2フェーズになると、徐々に投稿が拡散されはじめます。アカウントの評価を高めるために、引き続き「いいね周り」を続けましょう。

そして、第3フェーズになったら、フィード投稿だけでなくリール投稿も加えていきます。

投稿内容は、**最初のうちはカルーセル投稿2、リール1の割合で、フォロワー数が伸びてきたらカルーセル投稿1、リール2の割合にしていく**のがいいでしょう。

質が高く専門性の高いショート動画を継続することで、ファン化をはかり、フォロワーとのコミュニケーションを活発に行うことによってコンバージョンを目指していくのです。

LINEステップによる顧客教育の方法

LINEステップは、LINEで発信するステップメール

LINEは国内利用者数がもっとも多いSNSです。ほかのSNSなどを通じてLINEに登録した人を見込み客にしていくために、顧客教育用のプラットフォームとして、ぜひ活用していきましょう。

具体的には、**メールマガジンで言う「ステップメール」と同じような「LINEステップ」で教育していくことが、とても有効**です。

LINE公式アカウントのメッセージ配信には、「ステップ配信」という

機能がありますが、さらに有料のＬＩＮＥのマーケティングツールを使うことで、ＬＩＮＥのセグメントごとへの配信など、自動化の幅が広がります。
「ＬＩＮＥステップ」は、ＬＩＮＥ登録してくれた人に数回、用意してある定型文を配信するものです。ＬＩＮＥステップ配信では、見込み客が商品を買ったり、イベントに参加したりしやすくなるように、いくつかのメッセージを適切な順番で送ります。

〈ＬＩＮＥステップ　例〉

１通目　自己紹介と登録者への共感を示すメッセージ
２通目　登録者の悩みの原因は何か、を明らかにするメッセージ
３通目　どうすれば解決できるのかを明らかにするメッセージ

ＬＩＮＥステップの具体的な活用方法

「恋愛ドクター秋山」と名乗っていた頃、ＴｉｋＴｏｋを観た人が、恋愛相談をしたくてLINEに登録してくれていました。

では、1通目にどんなメッセージを送れば、相談者は安心するでしょうか？まず必要なのは、自己紹介です。

「この人なら安心。わたしの悩みを解決してくれそう」
「この人になら相談できる」

という気持ちになってもらう必要があるからです。

実績や経歴、なぜこの仕事をしているのかを伝えることも必要ですし、**重要なのは、登録者への共感を示すメッセージ**です。

「きっと恋愛で悩んで、夜も眠れないことがあると思います。じつは、わたしもそうでした。だから、あなたの気持ちがわかるほうではないかと思います。これから、何日かLINEを送るので、悩みが解決できればうれしいです。そして、遠慮なく、悩みをメッセージから送ってください」

こんなメッセージが届いたら、次のメッセージも読みたいと思いませんか？

1通目で登録者を惹きつけて、安心してもらいましょう。

2通目は、「登録者の悩みの原因は何か、を明らかにするメッセージ」がいいでしょう。

相談者の共感を得られれば、もっと話を聞きたくなります。

「どうせ嘘なんじゃないの？　なんかうさん臭い」

という気持ちで1通目は読むものですが、共感してもらえれば、もっと読みたくなります。2通目で相談者が抱えている悩みの原因を伝えれば、「なるほど～」とうなずいてくれるはずです。

疑いの気持ちを持っていたら、

「本当なの？　どうせ何か買わせようとしているんでしょ？」

と受けとめられてしまいますが、共感を得られればこうはなりません。

3通目は、「どうすれば悩みを解決できるのかを明らかにするメッセージ」です。1通目で共感を得て、2通目で悩みの原因を伝え、そして3通目で悩みの解決策を伝えるのです。

こんな流れなら、読んでもらえそうだなと感じませんか？

読み手視点で見込み客が求めるメッセージを順番に送っていくことが、LINEステップで必要なことです。

LINEステップは、ほかのSNSと組み合わせると売上につながりやすいので、ぜひ覚えておいてくださいね。

LINEステップのゴールは、商品の購入やイベント来店の誘致です。

複数のＳＮＳを組み合わせて使うのがＳＮＳ攻略の鍵

LINEステップのゴールへの具体例

ゴールはセミナー参加

前述した通り、LINEステップのゴールは商品の購入や来店、イベントへの誘致です。

ここで、実際にわたしが実践してきた、LINEステップの例を紹介しましょう。ここでは、広告をうまく使った事例も紹介します。LINEステップはSNSの活用だけでなく、広告からの動線にも非常に有効です。

まずひとつ目は、「はじめてのTikTok集客3ステップ」LINEステップシナリオ編です。

シナリオとは、1通目に自己紹介と共感を示すメッセージ、2通目に悩みの原因を明らかにするメッセージ、というように、**見込み客をゴールに導くために送るメッセージをまとめた設計書**のことです。ゴールが販売なら「購入へと導く設計書」、ゴールが個別相談なら「個別相談へと導く設計書」ということになります。

「はじめてのＴｉｋＴｏｋ集客３ステップ」とは何かと言うと、無料動画講座です。

わたしは、

「動画をプレゼントするから、ＬＩＮＥステップに登録してください」

という広告を出しました。これは、広告を見た人がわたしを知り、共感してオンラインセミナーに申し込みすることがゴールです。

そのため、1通目は歓迎メッセージとして、無料動画を見るとどうなるか、根拠として少しだけ実績を入れています。1通目は多くの人にしっかりと見られるので、非常に大切です。

2通目は、無料動画を見たかを確認し、共感を促すために、なぜ読み手の悩みが理解できるのかを、わたしの経験を語るメッセージにしました。

3通目は、オンラインセミナーへの招待状です。4通目から7通目は、解決できる悩み、参加者の感想を伝え、安心感を与えつつ、セミナーに申し込んでいただくメッセージにしたのです。

次ページで、実際に送った1通目を紹介します。1通目の役割は、しっかりと無料動画を観てもらうことですから、そのための文章を書きました。

LINEで長文を送ると最後まで読んでもらいにくいので、メッセージ動画をつくり、そのリンクから観てもらうのもおすすめです。

このようにすれば親近感がわきますし、送られた人からすれば、個別相談が初対面ではないので、ファン化した人が来る流れをつくれるでしょう。

「はじめての TikTok3 ステップ集客」1通目

はじめまして! 秋山です。無料動画セミナーをお届けします。

このメッセージを受け取ったということは、きっとあなたもTikTokに可能性を感じている一人なんじゃないか、と思っています。

だから同じことを感じているあなたに読んでもらえてうれしいです。

私もTikTokに可能性を感じ、今では月に800万円の売上をつくるまでになりました。

この無料動画セミナーでは、私がどういう順番でTikTokから集客して売上につなげたのか。

その3ステップをお話しています。

10分程度にギュッと凝縮してお話していますので、今すぐ時間を取り、見てみてください。

★はじめてのTikTok3ステップ集客

URL

6

SNS広告の活用法

「SNS広告」の基本知識を知る

「直接誘導」と「リスト取り」

企業が集客、販売、採用の目的でSNSに取り組む際には、SNS広告が必要になってくる場合もあるでしょう。

わたしたちも、InstagramやFacebookといったMeta社のSNSを中心に広告を打っています。わたしが2年間SNS広告を継続して出してきた経験も含めて、SNS広告についてお話しします。

シンプルな広告のパターンは、たとえばFacebook広告からランディ

ングページ（LP：訪問者のアクションを誘導することに特化した、縦長レイアウトのWebページ）につなぎ、イベントや説明会に直接誘導するというものです。

このパターンでは、顧客の獲得単価が高くなります。もちろんコンテンツにもよりますが、よほど興味がある人でなければコンバージョンにはつながらず、申し込みの獲得単価は1～2万円ほどになります（獲得単価は事業内容によります）。

もうひとつは、**広告からLINEに登録してもらう、もしくはメールアドレスを登録してもらう、「リスト取り」と呼ばれるパターン**です。

たとえばTikTok集客セミナーの場合、直接セミナーへ申し込みする前段階として、まずTikTokに興味がある人向けに「LINEに登録をした方には、『はじめてのTikTok集客3ステップ』の動画をプレゼントします」

といった特典をつけて、LINE登録を促します。

このパターンなら、獲得単価は8～10分の1ほどになってくるでしょう。

ただしリスト取りの場合は、登録をしてもらったうえで、個別相談や説明会といったフロント商品につながる流れをつくらなければいけません。つまり、LINEやメルマガで関係をつくっていくことになるのです。

この流れが成果につながるようにできているか、精査しながら取り組んでいく必要があります。

CPAを数値化する

SNS広告でセミナーや説明会などへ誘致するにあたっては、**CPA（Cost Per Action：1件のコンバージョンを獲得するためにかかった費用＝顧客獲得単価）**を数値化しておかなければいけません。

広告は当然ながら費用がかかるので、CPAに加えて、たとえば申し込みからの参加率、個別相談への誘導率、成約率、といった数字分析をする必要があるのです。

CPAを上げるには、LINEやメールアドレスの登録を促すことが求められますし、参加率を上げたいのなら、リマインドのメールやLINEメッセージを送る、電話をかけるといった取り組みも考えたほうがいいでしょう。

もしくは、さらなる特典をつけて個別相談への申し込みの確率を上げることも有効です。このような流れをつくっておかなければ、SNS広告を利用しても成果が継続的に出ず、長続きしなくなってしまうのです。

競合が多ければ多いほど、広告費は高くなる

SNS広告は、クリック1回ごとに課金されるのが基本です。

たとえば、Instagramに出ている広告へ誰かがクリックするごとに、費用がかかってきます。

クリック単価は、実際にかけた金額に対する表示回数とクリック率で算出できるわけですが、これらの数字は、広告業者なら押さえているはずです。

SNS広告は自社でも回せますが、広告業者に依頼するのがおすすめです。

広告業者は、「CPA」を安くしつつ、良質な顧客を獲得するために動いています。そのためにも、依頼する側は適切なターゲットの指示をする必要があるのです。

広告を自社で回す場合は、1日あたりの予算に対して何件の申し込みを獲得できたのかを把握し、CPAを把握する必要があります。

1日あたりの広告予算5万円で、5件の申し込みがあれば、CPAは1万円になりますね。競合が多ければ多いほど、獲得単価が上がり、広告費も高くなることを知っておきましょう。

ＳＮＳ広告まで使いこなせると企業は波に乗りやすくなる

ＳＮＳ広告の流れ

広告運用を開始

ＳＮＳで広告を打つ際の流れを、もう少し詳しくお話ししましょう。
もっとも簡単なのは、たとえばＦａｃｅｂｏｏｋでビジネスページをつくり、広告をかけていくことです。

広告は、月予算と、１日あたりの予算を決めて運用していくものであり、もし1日あたり1万円なら、月30万円ほどになります。

条件を決めて、ＬＰ（ランディングページ）を設定し、広告をスタートすると、バナーが表示されます。

そのバナーがクリックされると、LPなどのリンク先に飛んでいくしくみです。

1日いくらから設定できるのかは、SNSによって異なります。Facebookなら1日100円から可能ですが、**最低でも1日1000円、月間で3万円を目処に広告運用を開始すること**が、ひとつの目安と言えます。

通常は1リスト獲得するために1000円ほどかかるので、最低金額の100円では成果にはつながりません。

広告業者の活用

SNS広告は専門知識がなければ難しいので、広告業者を利用する方法もあります。広告業者は依頼主の獲得単価を抑えつつ、良質な顧客層にアプローチできるようセグメンテーションを行っています。専門の業者を使うメリットは、自分たちで行うよりも詳細な数字をもとに分析してくれることです。

彼らはバナーごとに「クリック率」を把握し、申し込みにつながっているバナーなどの情報を提供してくれるので、より多くの良質な人が反応する流れをつくっていくことが期待できます。

ここまで自社で行おうとすると、かなりの負荷になるでしょう。

わたしが以前、結婚相談所の集客で「お料理合コン」というイベントを開催していたとき、自分でＦａｃｅｂｏｏｋ広告を回していたのですが、当時は1件あたり３０００円ほどで申し込みが入りました。

関西で「お料理合コン」というイベントがほかにはなかったことが、ＣＰＡをかなり安く抑えられた要因と思われるので、売れるものをしっかりと打ち出していくことも大切です。ただ、次第に獲得単価が上がり、結局は広告業者に依頼することになりました。

ちなみに広告業者の主な役割は、クライアントのCPAをいかに安くするか、いかに、より良質な見込み客を継続的に獲得するかという部分なので、基本的に、売れる商品やコンテンツは自社でつくっていくものです。

ですから、モニターで反応を見たり、アンケートなども実施したりしながらテストマーケティングをしていきましょう。

リスト取りで目指すCPAは1件あたり1000～2000円

それでは、目指すべきCPAの目安はどれくらいなのでしょうか？

特典、プレゼントなどでリストを取る形であれば、1件あたり1000～2000円位が相場と言われています。

一方で、**直接セミナーや説明会、個別相談に誘導する場合、CPAは1～**

2万円と考えましょう。

つまり、100人誘致しようと思えば、参加率が50％ほど（無料の場合）なので、200万円かかる計算になります。

直接誘導の問題点は、セミナーなどに参加してもらった時点ではまだ関係性ができていないため、その場で参加者の心をつかむ必要があることです。

一方、リスト取りであれば、リストを元にウェビナー（Web上で開催されるセミナー）動画などを配信することでファン化させて、そこからメルマガやLINE配信で教育する流れがつくれます。

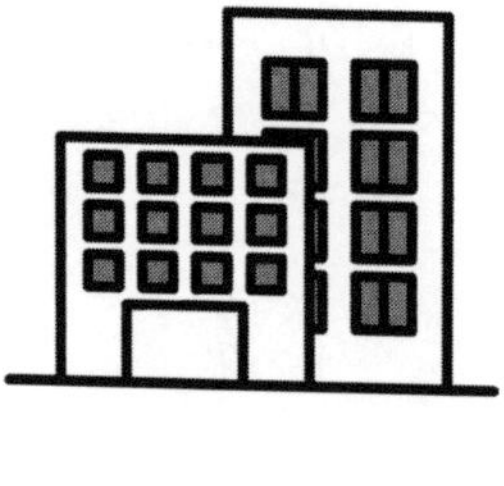

CPA（顧客獲得単価）をいかに下げるか

まずはテストマーケティングから

SNS広告の最大のポイントは、いかにCPA（顧客獲得単価）を下げるか、LTV（Life Time Value：顧客生涯価値）の高いお客様を獲得するかです。LTVとは、あるお客様の生涯にわたる自社の商品・サービスのトータルの売上額です。つまり、LTVが高い顧客ほど優良顧客で、企業の売上増加や安定的な売上に貢献してくれるわけです。

そのためにおすすめなのが、まずは**テストマーケティングを行い、ある程度流れをつくってから広告の出稿をする**ことです。広告のリスクは、多額の予算を使っても反応がなく、成果につながらないことです。

そうならないためにも、まずはSNSやモニターなどで反応を見るようにしましょう。広告を打つ際は、予算や見込める反応といった予測をもとに効果を測定をするため、まずは予算をかけない形で売れるコンセプトなのかを確認する必要があるのです。

3ヵ月を目安に結果が出なければ、見切りをつける

テストマーケティングをしっかりと行ったうえでSNS広告を打てば、採用や集客につながる流れをつくることができます。

もし短期間で大きな成果につなげたいのであれば、広告予算を拡大していくことになります。つまり、もっとお金をかけ、より多くの人に向けて表示されるようにするのです。

売れる流れができたということは、ユーザーのニーズがあるということなので、より多くの人に見てもらうためにもっと広告予算をかけていくのもひ

とつの方法です。

一方で、売れないものは時間をかけても売れないので、**結果が出なければ見切りをつけましょう**。わたしの場合、広告バナーなどを変えながらテストをして、長くても3ヵ月は様子を見つつ、結果が出なければ見切りをつけるようにしています。バナーは、文字やデザインを変えることによって反応がよくなることも多いからです。

自社でそこまで広告運用ができないなら、広告業者を使うことを検討しましょう。

わたしも、広告業者を使ってさまざまな広告を打ってきましたが、担当者によってうまくいく場合もあれば、うまくいかない場合もあります。

マーケティングは、バナーやLPひとつで大きく結果が変わるからです。

そこは、広告業者の腕の見せどころと言えます。

結果につながらなければ継続できないことを意識しよう

ＳＮＳ広告を続けていくには、しっかりと分析を行ったうえで、ＰＤＣＡを回していく必要があります。

きちんと分析を行えば、参加の申し込み、出席率など、どの部分で数字を落としているのかが明確になるでしょう。ですから、広告業者からのフィードバックなどを、しっかりと吟味するべきなのです。

もちろん、広告を使わないマーケティングでもポイントは同じです。

１日に何件のリスト獲得があり、申し込みがどれくらい入っているのかを把握し、どこで離脱しているのかを分析することが大切になってくるでしょう。

広告の場合はコストがかかるので、分析の重要性がさらに増します。なぜなら、結果につながらなければ継続することができないからです。

ＳＮＳ広告は
テストマーケティングしながら
ブラッシュアップしていくスタンスで
臨もう

広告は「ROAS」が重要

広告の費用対効果をあらわす「ROAS」

SNS広告における大切な指標に、**ROAS（Return On Advertising Spend…広告の費用対効果、広告経由の売上高÷広告費）**というものもあります。

わたしも、ROASが非常に重要であると考えています。

たとえば広告に100万円かけて、300万円の売上につながれば、ROASは300％です。たとえCPAを安く抑えられても、ROASが150％程度であれば、かける時間や手間を加味すると効果が見合っていないため、広告を継続するか検討する必要があると言えます。

ところが、SNSに限らず広告全般において、ROASをきちんと把握していない企業が多く見られます。大企業なら、広告の予算も大きくとれるので、続けて改善しているうちに売上につながるかもしれませんが、中小企業の場合は、費用対効果が見合っていなければ、広告を続けられなくなってしまうことも…。

広告業者はこの点をわかっていますが、クライアント側がわかっていないケースが多いのです。

担当者は業者の言いなりにならないよう、一定の知識を持とう

SNS広告によるCPAやイベントへの参加率は、広告業者を利用してい

なくても把握することはできます。

たとえば、ＣＰＡが１万円、参加人数が14名なら、広告費は14万円。そして参加者が６名であれば、参加率は約43％。８名が離脱しているということは、８万円を失っていることになるのです。

参加率が低かった場合には、参加率を上げるためにリマインドの電話をする方法も考えられます。

社内に広告宣伝部やマーケティング部がある企業も多いとは思いますが、担当者になった人は、広告業者と対峙するにあたり、一定の知識を持っておくようにしましょう。

なぜなら、業者任せでは広告業者の言いなりになってしまうからです。

わたしたちも、最初はＣＰＡやＲＯＡＳといった横文字に戸惑いましたが、実践をするなかで知っていきました。**ＳＮＳ広告を行うにあたっては、最低限の用語や数字の出し方を知っておくに越したことはありません。**

最低限、CPA（実獲得者数÷広告予算）は押さえておこう

わたし自身が2年間SNS広告に取り組んできたなかで、時期によっては同じようなCPAでありながら、購入につながらないような、明らかに属性のよくない人たちが来ることもありました。

そうすると、成約率が下がってしまいます。

これは、肌で感じてきたことです。

そういった場合、たとえばバナーを「年商3000万円以上の方限定」など、ターゲットを絞り込んだものに変えると、CPAは高くなりますが、良質な見込み客が来るようになることもあります。

大切なことなので まとめておくと、見込み客を獲得するためにかかるコストであるCPAは、最低限押さえておきましょう。

CPAは、「実獲得者数÷広告予算」で計算します。実獲得者数が5名、

予算が50万円なら、ＣＰＡは10万円になります。

低予算ではじめるならリスト取り

すでにお話しした通り、直接誘導とリスト取りとでは、前者のほうが高くなります。ただ、ＲＯＡＳで考えると同じくらいの結果になる、というデータがあることも知っておきましょう。

たとえば、リスト取りでＬＩＮＥにひとり登録するのに１０００円かかり、１００リストを獲得できたとします。

そのなかで個別相談へ進む確率が６％だとすると、１００名のリストから個別相談に来る人数は６名であり、成約率が20％であれば、成約は１〜２名になるでしょう。

商品単価が30万円であれば、１００名×１０００円＝10万円をかけて、30万円の売上を得られるということで、ＲＯＡＳは３００％になります。

一方、10万円で広告を打ってセミナーへ直接誘導したところ、10人の申し込みがあり、5人がセミナーに参加、2人が個別相談に申し込んだとします。ここでひとり成約すれば、ROASは同じ300%という結果になるのです。

どちらがいいのかは一概に言えませんが、得意な方法で行うことをおすすめします。営業力が高く、直接誘導が得意な人もいますが、実際にはリストを獲得して、しっかりと教育をする流れをつくっているケースのほうが多いはずです。

低予算ではじめるならリスト取り方式を採用し、予算をかけすぎずにリストを獲得しつつ、来てもらうためのフローをしっかりと構築するほうがいいのではないでしょうか。

どちらの方法をとるにしても、売れるコンテンツであることは不可欠です。ビジネスコンテンツが売れるものであるかどうか、テストマーケティングをしっかりと行う必要があると言えます。

また、特典をつけてＬＩＮＥ登録をしてもらっても、そこから先に進まないケースも多く見られます。

どこで離脱をしているのか、という動線を精査しなければ、ただお金をかけているだけになってしまうので、注意が必要です。

そう考えると、リスト取り方式のリストマーケティングのほうがいいのかもしれません。ＳＮＳからホームページへ飛ばして直接申し込んでもらうよりも、いったんリストに入れておくことで、動線のブラッシュアップができるからです。

リスト化していれば、今回はたまたまタイミングが合わなかったとしても、別の機会に申し込んでもらえるかもしれません。

ターゲットが同じであれば、別のコンテンツをご案内したときに、リピーターとなる可能性もあります。

リスト取りの活用例

あるスクールビジネスの経営者の女性は、リスト取りからの流れを非常にうまく活用しています。CPAがとても低く、なおかつファン化しているので成約率が高いのです。事前に特典で動画をプレゼントし、動画を観てファンになった人が個別相談に申し込む形にしているからです。

大切なのは、**LINEにしてもメルマガにしても、心を動かす投稿で共感を得て、「ほしい！」という気持ちにしたうえで、目の前に来てもらうようにすること**です。その後、悩みを解決するための商品を提供し、成約に持っていきましょう。

たとえばリフォーム会社であれば、

・住宅診断や「間違いのないリフォーム業者の選び方」といった動画をプレ

ゼントし
・メルマガやＬＩＮＥに登録した人へメールやＬＩＮＥで考えを教え
・無料の見積りや説明会、個別相談に申し込んでもらう
といった流れが考えられます。

このように、ファンづくりという観点で見ても、メルマガやＬＩＮＥは送れる状態にしておいたほうがいいでしょう。

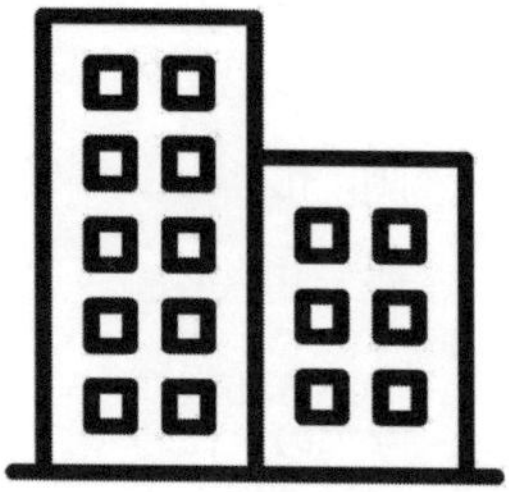

ROASとCPA

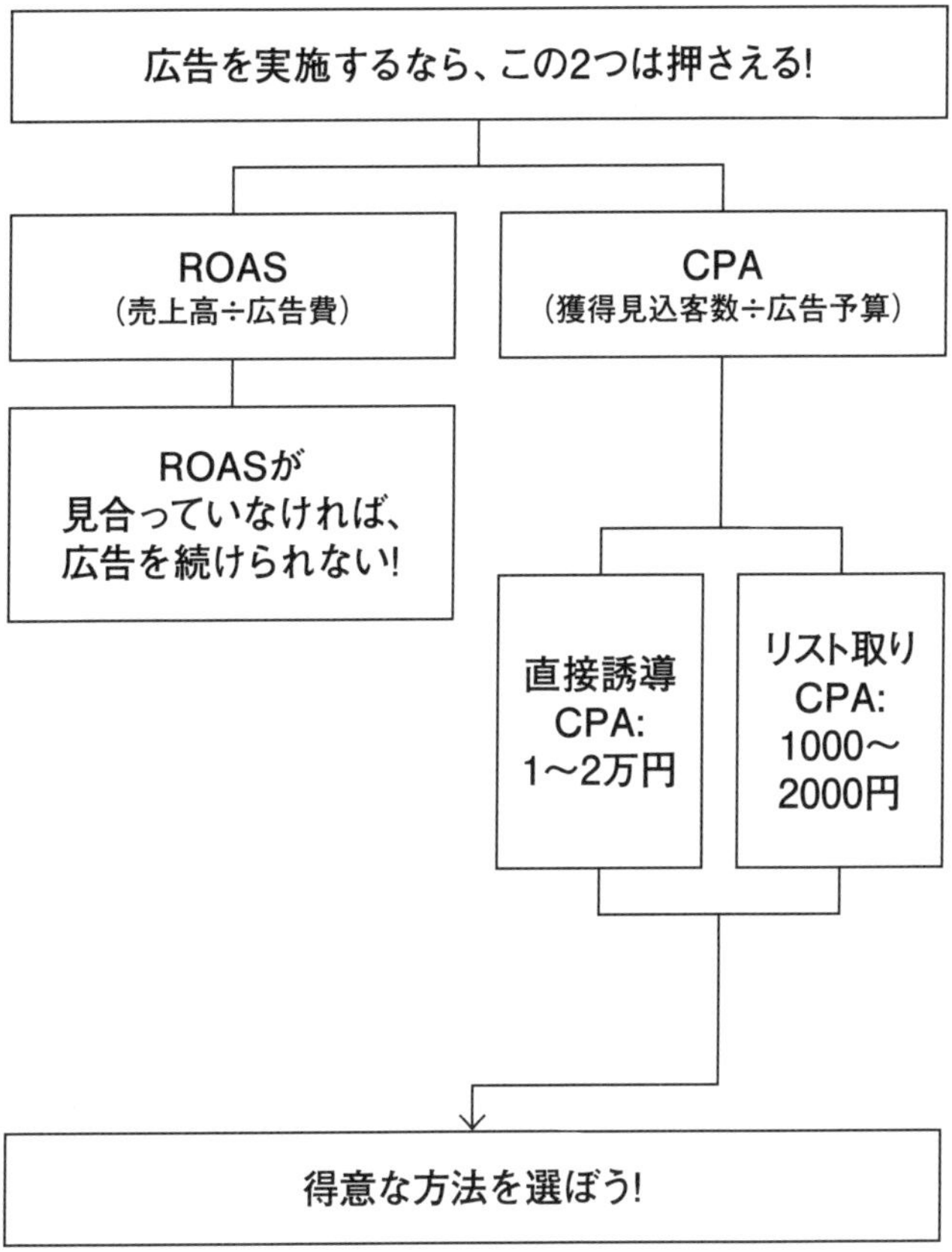
広告を実施するなら、この2つは押さえる!
ROAS
(売上高÷広告費)
CPA
(獲得見込客数÷広告予算)
ROASが
見合っていなければ、
広告を続けられない!
直接誘導
CPA:
1〜2万円
リスト取り
CPA:
1000〜
2000円
得意な方法を選ぼう!

ＴｉｋＴｏｋ広告

大きな可能性を秘めているＴｉｋＴｏｋ広告

最近増えているものに、ＴｉｋＴｏｋ広告があります。

ＴｉｋＴｏｋ広告が増えたきっかけは、いわゆる「ＴｉｋＴｏｋ売れ」です。

ＴｉｋＴｏｋ売れは、ＴｉｋＴｏｋでバズったことをきっかけに、Ｚ世代（１９９０年代後半から２０００年代に生まれた世代）を中心に情報が拡散され、主に食料品や雑貨などで爆発的な売上につながった現象です。

企業側が用意したハッシュタグを使ってユーザー自身が動画投稿する「ハッ

シュタグチャレンジ広告」は、TikTokならではの広告メニューです。

TikTokでの広告は、動画なのでユーザーの視覚や聴覚に訴えかけることができ、記憶に残りやすい特性があります。

また、**動画で伝えられる情報量は文字の5000倍**とも言われており、より多くの情報をユーザーに伝えることもできます。

さらに、TikTok側が有している膨大なデータを活用して、精度の高いターゲティングをすることも可能です。具体的には、基本情報、通信環境、興味・関心などを元にしたアルゴリズムにより、ターゲットとなるユーザー層にピンポイントで広告を配信することができます。

TikTokはスクロールで広告をスキップできるため、押しつけがましくなく、ストレスを感じにくいつくりになっています。**スキップされないためには、最初の数秒で興味を持ってもらうこと**が不可欠です。

インフルエンサーマーケティング

「インフルエンサーマーケティング」も知っておこう

SNS広告の手法のひとつに、人気の高いインフルエンサーを起用し商材のPRを行ってもらう「インフルエンサーマーケティング」があり、大きな注目を集めています。

インフルエンサーマーケティングで成果を得るには、**最適なインフルエンサーを選ぶこと**がもっとも重要な要素となります。

自社がインフルエンサーマーケティングやSNSマーケティングのノウハウを十分持ち合わせていない場合は、インフルエンサーキャスティングサービスの利用も選択肢のひとつです。

キャスティングは、何らかのイベントを開催する場合、キャスティングを行う会社に依頼し、そのイベントに合ったインフルエンサーに紹介してもらうというものです。

たとえば、グルメ系のインフルエンサーが飲食店から依頼を受けて、その飲食店のＰＲをすることなどが考えられます。

もちろん、インフルエンサーの「ランク」によって費用は違うので、予算を提示して、適した人を紹介してもらう形になります。

インフルエンサーマーケティングは広告であることを明示する

インフルエンサーマーケティングは、起爆剤としては有効な手段ですが、一過性のものになりやすい傾向があります。

ただ、わたしも以前インフルエンサーにお願いしたことで２０００人以上のLINEリストを獲得したことがあったので、利用する価値は十分にあるでしょう。

インフルエンサーキャスティングにかかる費用は、インフルエンサーによって異なりますが、たとえばフォロワー単価が2円の場合、フォロワー数10万人のインフルエンサーに依頼すると20万円程度が必要です。

費用対効果を考えながら取り組むことが、とても大切なことと言えます。

また、ネットなどで、「ステルス戦略だ」と批判されることを懸念する人もいますが、いまはインフルエンサーが紹介するのは普通のことになっています。

批判を浴びるのは、芸能人が特定の商品のユーザーのふりをして紹介するケースです。YouTuberが広告であることを明示して紹介する分には、批判を浴びることはないでしょう。

インフルエンサーマーケティング

…インフルエンサーを利用して、商材をPR

「インフルエンサーキャスティングサービス」
の利用も選択肢

起爆剤としては非常に有効！

＜注意点＞

- ●インフルエンサーのランクによって費用が異なる
- ●費用対効果を考えて取り組むこと

SNS広告で波に乗るために

「経営」の観点でしっかりとPDCAを回していこう

費用をかけてSNS広告を実施するなら、広告を行っていないときとの比較をしておくべきでしょう。

SNS広告以外にGoogle広告なども利用しているのなら、SNSの広告と分けて成果を分析しておくのがおすすめです。

そうしておけば、成果があがっていないほうからは撤退する判断もできます。

ビジネス全般に言えることですが、新しいことをはじめたときには、**はじめる前と比べてどれだけ成果が出たのかを、しっかりと押さえておかなければ**

ばいけません。きちんと数字を押さえておかなければ、ただお金を浪費するだけになってしまうからです。

ほかに企業として見ておくべきことは、見込み客の流入経路です。たとえば、**どこからLINEに入ってきたのか、Instagramからなのか、TikTokからなのか**、といったことを分析することも大切です。

これは、LINEの自動化ツールを使ってもできますし、広告ページを複製してリンクを分ける方法もあります。後者は、同じページをつくってリンクを分けることで、どちらから入ってきているかがわかります。

このような分析を行えば、注力していくべきことを判断することができるでしょう。

SNS広告は、「経営」の観点でしっかりとPDCAを回していくことが肝要なのです。

SNS広告で押さえておくべきこと

＜SNS広告による効果の把握＞

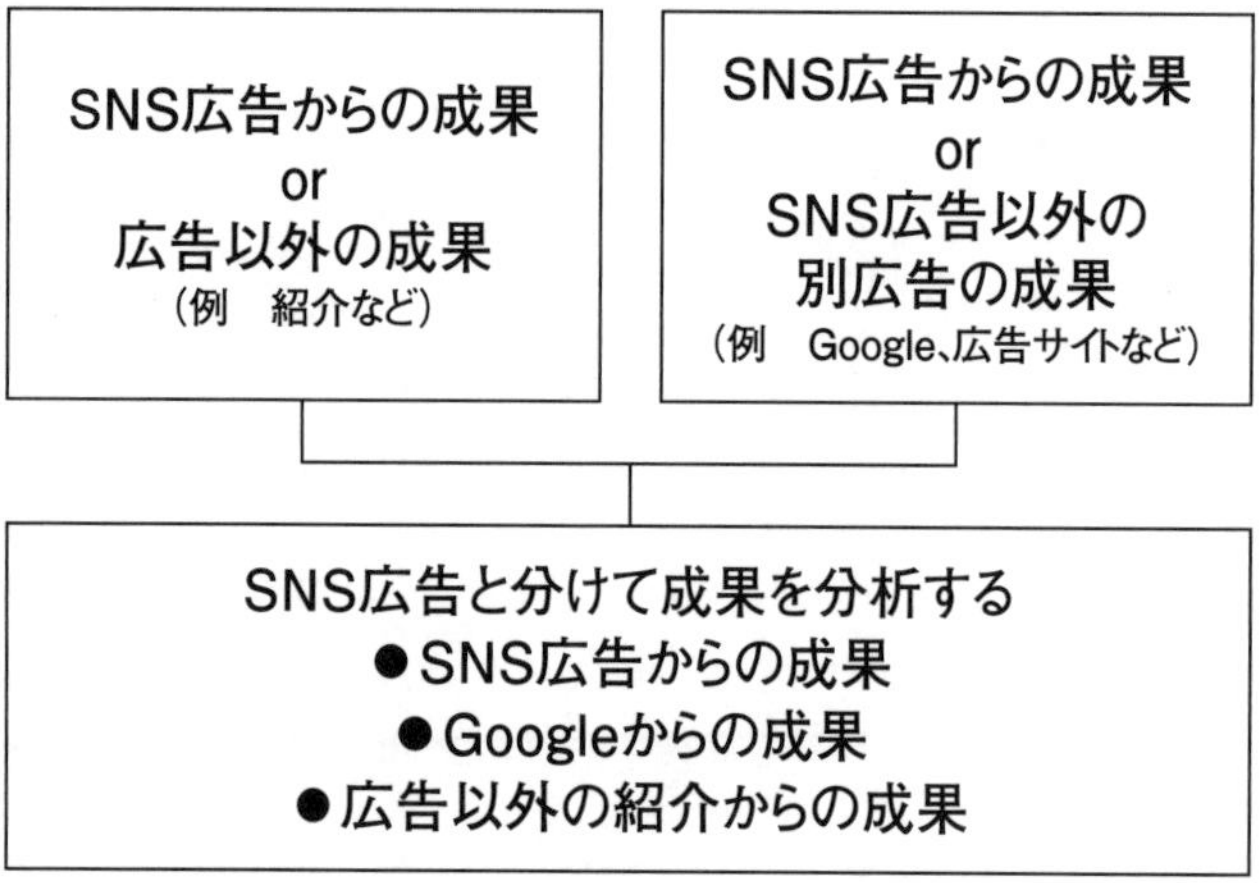

＜見込み客の流入経路の分析＞

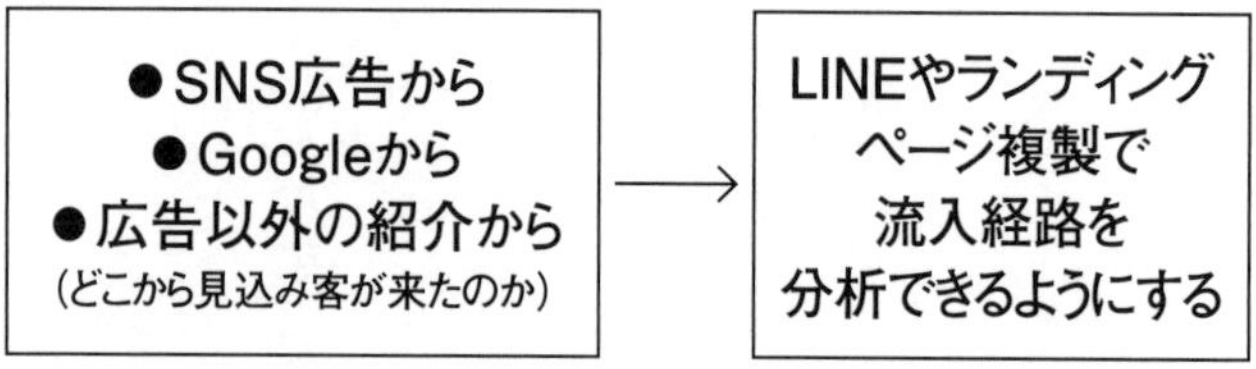

分析することで、どこに注力すべきか判断できる!
→経営の観点でPDCAを回そう!!

おわりに

本書を最後までお読みいただき、ありがとうございました。

本書を通じて、企業がSNSを行うにあたってのポイントになる箇所をご理解いただけたでしょうか？


とくに採用において、仕事を探している人が
「この企業で活躍したい」

「自分の能力を最大限発揮したい」

と思えるような場を提供し、しっかりとつながりをつくっていただけたらと思っています。

本当はもっと可能性があるのに、自分の強みや長所に気づかず、自分には

価値がないと苦しんでいる人もたくさんいるはずです。そんな人たちに、

「自分にはこんな可能性もあるんだ」

と希望を持って自分らしく心を開き、人と人とがつながり支え合える世の中をつくっていきたいのです。


そのためには、**企業も自社の魅力を「発信」していく必要があります**。

「弊社は透明性があり、こんな人たちがいます」

というように、「人」を出していくことが大切です。

社員一人ひとりの個性や想いを表現することで、より細やかなつながりになっていくはずです。


SNSで想いを届け、より多くの人たちとつながっていくことで、新たなつながりが広がりますし、これまでは自信がなく自己表現できなかった人も、企業の発信に関わることで自分の価値に気づくでしょう。

一人ひとりの可能性が広がることで、自分を好きになり「自分に生まれてよかった」と思える人が増えていけば、もっともっと明るい未来になっていくのではないでしょうか。

これから企業が発展するポイントは、「世代を超えて知恵を出し合うこと」であるとわたしは考えています。わたしたち世代の人間も、次世代が活躍できるような「連鎖」をつくっていくことが求められているのではないかと思います。


企業は「法人」であり、法によって人格を与えられたものです。つまり、法人の設立は人の誕生のようなものとも考えられます。

そして、法人を構成する経営者や社員が、

「この会社をつくってよかった」

「この会社で働けてよかった」

と感じられることは、想像以上に大切なことではないでしょうか。

SNS発信を行うことで、企業も関わる人達も、それぞれが新たな価値を見出すことができるでしょう。

社長にしても社員にしても、発信することで会社のよさがわかる。そんな連鎖が広がれば、とても素晴らしいことです。

謝辞

本書は、たくさんの人のご縁で生まれました。

処女作『個人にも企業にも一番使える！ TikTokでビジネスをバズらせる本』と二作目『ゼロから集客できる 社長のSNS発信』に続き、企画・編集・制作を担当していただいた株式会社サイラスコンサルティング代表の星野友絵さんと、メンバーの牧内大助さん。

出版を機に、さらに多くの人に知っていただけたことで、おかげさまで三部作を世に出すことができました。ありがとうございました。

三度目の出版の機会をいただいたかざひの文庫代表の磐﨑文彰さん、いつも素敵な装丁に仕上げてくださるデザイナーの重原隆さん、DTPを担当くださった宮島和幸さん、このたびも大変お世話になりました。

どん底の状態だったときから、わたしに社長としてのあり方、企業のあるべき姿を説き、見守り続けてくださっている一般社団法人ベストライフアカデミー代表理事の前田出先生には、いつも感謝の思いでいっぱいです。

かけがえのないビジネスパートナーの白附克仁さん、20代前半で協会の理事を担っている白附みくるさん。

大きくなる組織を支え続けてくれている株式会社aubeBiz酒井晶子さん、執筆にあたり情報のご提供をいただきました株式会社GOKAN片山幸太さん、合同会社RenDan小松将大さん、そしてチームのみんな。

これからも、どうぞよろしくお願いします。

ＳＮＳ運用事業をいつも支えてくれている事務局メンバー、わたしの活動を後押ししてくれている株式会社ヴォルテッジのメンバーたち、長年ともに働き、応援し続けてくれている秋山電気のメンバーたち。

そして、ずっと支え続けてくれている妻・息子・娘。

長きにわたってともに歩んでもらえていることに、心から感謝しています。

最後に読者のあなたへ。

企業には、ＳＮＳ発信が必要です。

今回、あなたの会社のＳＮＳ運用をさらに加速させるための読者限定特典を用意しました。

ＱＲコードからダウンロードしてお役立ていただければと思います。

多くの企業がＳＮＳ発信を通じて、もともと持っている価値に気づき、それを次世代に伝えていく流れができることを、心から願っています。

ＳＮＳ運用を通して、企業のビジネスをバズらせましょう！

２０２３年５月　秋山剛

秋山 剛（あきやま・たけし）

一般社団法人大人のインフルエンサー協会代表理事

1976年大阪生まれ。18歳で父親になり、高校中退。仕事をしながらプロボクサーも経験。「子どもに憧れられる親になる。子どもの夢は制限なく応援する」という想いを軸に仕事に打ち込み、大阪で電気工事会社、ボクシングジム、結婚相談所の3社を経営。異なる事業でさまざまな集客方法を試行錯誤し、テレアポ、婚活パーティー、ネット広告、メディア取材40回以上などを実践した結果、各事業で億単位の売上をあげる。

コロナ禍で業績が最悪の状況に転ずるなか、オンライン事業、TikTokを開始。売上ゼロの状態から半年で年商1億円の事業を構築し、すべてSNSで集客。以来、企業経営者・担当者、起業家5000名以上にTikTok・SNS集客セミナーを開催し、SNS集客、ブランディング、採用を支援するようになる。

設立した一般社団法人大人のインフルエンサー協会では、大阪府認定訓練校から認可を受け、SNS運用担当者の育成研修を実施。企業のためのSNS運用代行、インフルエンサーマーケティング事業に力を入れるほか、次世代メンバーとともに、若者のSNSスキルを活かす場づくりやSNS採用の支援も行っている。著書に『個人にも企業にも一番使える！TikTokでビジネスをバズらせる本』『ゼロから集客できる　社長のSNS発信』（かざひの文庫）がある。

集客《しゅうきゃく》にも採用《さいよう》にも効果《こうか》絶大《ぜつだい》!

企業《きぎょう》のSNS《エスエヌエス》運用《うんよう》

秋山《あきやま》　剛《たけし》 著

2023年5月29日　初版発行

発行者　磐﨑文彰

発行所　株式会社かざひの文庫
〒110-0002　東京都台東区上野桜木2-16-21
電話／FAX 03(6322)3231
e-mail:company@kazahinobunko.com　http://www.kazahinobunko.com

発売元　太陽出版
〒113-0033　東京都文京区本郷3-43-8-101
電話03(3814)0471　FAX 03(3814)2366
e-mail:info@taiyoshuppan.net　http://www.taiyoshuppan.net

印刷・製本　シナノパブリッシングプレス
企画・構成・編集　星野友絵・牧内大助（silas consulting）
内容協力　白附克仁・佐藤充泰・藤澤賢紀
装丁　重原 隆
DTP　宮島和幸（KM-Factory）

ISBN978-4-86723-133-3